철학자의 스크랩북

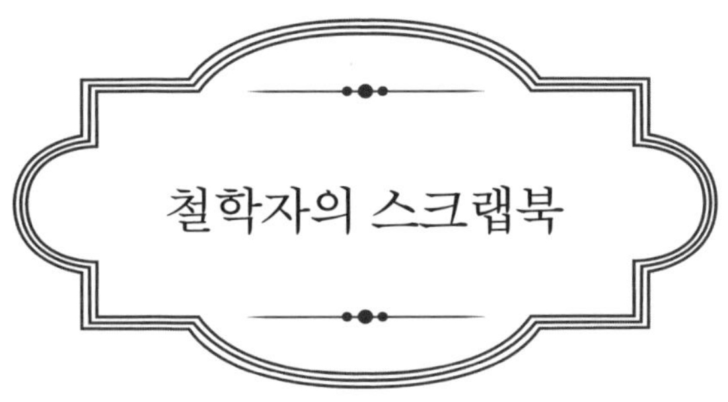

엘버트 허버드 엮음 정명진 옮김

철학자의 스크랩북

초판 1쇄 발행   2013년 9월 15일

엮은이   엘버트 허버드
옮긴이   정명진
펴낸이   정명진
디자인   정다희

펴낸곳   도서출판 부글북스
등록번호   제300-2005-150호
등록일자   2005년 9월 2일
주소   서울시 노원구 하계동 279번지 청구빌라 101동 203호
    (139-872)
전화   02-948-7289
팩스   02-948-7269
전자우편   00123korea@hanmail.net

ISBN   978-89-92307-78-9 13190
가격   13,000원

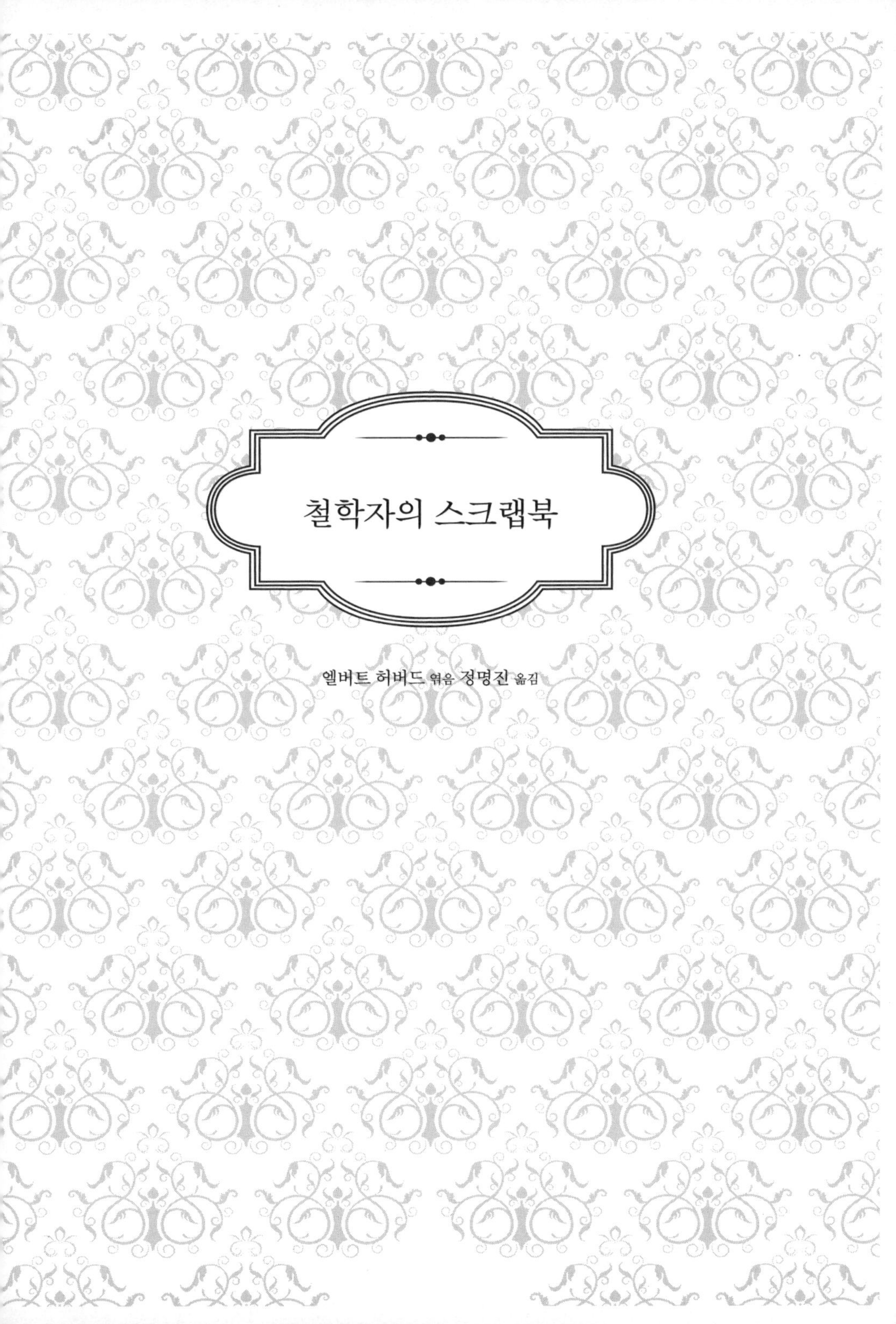

철학자의 스크랩북

엘버트 허버드 엮음 정명진 옮김

"철학을 살아보세요!"

이 스크랩북을 남긴 엘버트 허버드(1856-1915)는 경력이 참으로 화려하다. 철학자, 작가, 출판인, 아티스트, 강연자, 사회운동가, 기업가 등 다양한 타이틀로 소개되고 있다. 하버드 칼리지에 들어가기 전부터 라킨이라는 비누회사의 사원으로 방문판매를 해 큰 성공을 거두었으며 시카고에서 기자로도 활동했다. 이 모든 경력들은 언제나 높은 곳을 향한다는 신념의 산물이었다.

철학자 허버드의 철학에는 이론 같은 것은 없다. 오직 삶의 길과 실천의 길만 있을 뿐이다. 오늘은 어제보다 더 나아야 하고, 내일은 오늘보다 더 나아야 한다는 신념을 그는 평생 놓지 않고 살았다. 그런 삶을 살려면 그 행동의 바탕이 튼튼해야 함은 두말할 필요도 없다.

평생을 치열하게 산 허버드는 독서를 하면서 자신에게 특별히 영감을 준 글들을 모아 스크랩을 만들었다. 토막 글 하나하나가 보석 같이 영롱한 빛을 발한다. 어찌 보면 이 글들은 그의 삶의 편린들이라 할 수 있겠다. 불의의 사고로 세상을 뜰 때까지 책으로 엮는다든지 별도의 계획 없이 모았기 때문에 제목도 없고 주제별로 정리도 되지 않았다. 독자 여러분도 그냥 틈날 때마다 읽으면 나를 되돌아보고 또 느슨해진 나를 다잡는 용기를 얻을 만한 글이 많다. 명상서로도 좋을 듯하다.

허버드는 스스로를 아나키스트이자 사회주의자라고 생각했으며, 사회적, 경제적, 정치적, 정신적, 영적 자유를 대단히 중요하게 여겼다. 이 책에 부록으로 실린 그의 대표작 '가르시아 장군에게 보내는 편지'의 주제도 바로 한 인간으로서 가장 중요한 것은 자유를 누림과 동시에 책임을 다하면서 주체적인 존재로서 언제나 앞으로 나아가야 한다는 신념이다. 이 작품은 지금까지 1억 권 이상 팔린 것으로 전해지고 있다.

그는 자신의 출판사에서 낸 잡지 '필리스틴'(Philistine)을 통해 자기 나름대로 올바른 삶의 자세를 전파하면서 계몽활동을 활발히 폈다.

한 예로, 1912년에 영국 선적의 초대형 여객선 타이타닉호가 첫 항해에서 빙산과 충돌해 침몰하는 비극이 발생했다. 이때 허버드는 뉴욕 매시 백화점의 공동 소유주인 이시도르 스트라우스 부부의 애절한 이야기를 실어 많은 사람들의 심금을 울렸다. 사고 현장에서 여자가 남자보다 먼저 구명보트에 오르게 되어 있었는데, 이때 이시도르 스트라우스의 부인 아이다가 보트로 옮겨타길 거부했다. "전, 남편 곁을 떠날 수 없어요. 줄곧 이렇게 함께 여행해왔는데 어떻게 헤어져요? 그럴 순 없어요. 우리의 운명은 하나

예요."

허버드는 이 사연을 전하면서 거기에 자신의 의견을 더했다. "스트라우스 씨 부부는 인간으로서 위대한 일 3가지를 하는 방법을 잘 알고 있었습니다. 삶을 사는 법과 사랑하는 법, 그리고 죽는 법을 말입니다. 제대로 죽는 길은 두 가지밖에 없습니다. 하나는 늙어서 죽는 것이고, 다른 하나는 사고로 죽는 것입니다. 병으로 죽는 것은 추잡하고, 자살은 잔인한 면이 있습니다. 그러나 두 분처럼 세상을 떠나는 것은 영광입니다. 그런 특권을 누릴 수 있는 사람은 극히 드뭅니다. 두 분 다 행복한 연인이었습니다. 살아서도 떨어진 적이 결코 없었고, 죽어서도 헤어지지 않았으니까요."

이 이야기가 허버드와 관련해 자주 거론되는 것은 그의 운명 때문이기도 하다.

타이타닉 호가 침몰하고 3년이 조금 더 지난 1915년 5월 7일, 엘버트 허버드와 두 번째 부인 앨리스 허버드가 탄 영국 여객선 루시타이나 호가 아일랜드 해안에서 독일 잠수함의 공격을 받아 침몰했다. 당시 허버드는 제1차 세계대전을 취재하고 독일의 빌헬름 2세를 인터뷰할 계획이었다.

이듬해 허버드의 아들에게 어니스트 쿠퍼라는 생존자가 쓴 편지가 한 통 배달되었다.

'배가 어뢰에 맞았을 당시 당신 부모님이 어디에 계셨는지는 잘 모르지만 그 후에 일어난 일에 대해서는 확실히 알고 있어요. 두 분은 구명보트가 있는 곳으로 왔어요. 두 분 다 조금도 흐트러짐이 없었습니다. 제가 아버님 옆을 지나칠 때, 아버님께서 "생각보다 훨씬 더 심각하군."이라고 하셨어요. 제가 뛰어내릴 때를 봐가며 "어떻게 하실 겁니까?"라고 물었어요. 그랬더니 아버님께서는 머리를 흔드셨고, 사모님께서는 미소를 지으시며 "달리 방법이 없을 것 같군요."라고 말했어요.

그 다음 아버님의 행동은 너무나 극적이었습니다. 아버님은 사모님과 함께 뒤돌아서서 맨 위층의 열린 방으로 들어가신 뒤 문을 닫았어요. 바다로 뛰어내려 서로 헤어질 위

험을 안느니 차라리 함께 죽기로 작정하신 것이 분명했습
니다.

죽음의 사신을 그처럼 정면으로 직시한 사람에 관한 이
야기를 지금껏 나는 한 번도 들어보지 못했습니다. 철학자
이신 아버님께서는 마지막 순간까지 자신의 철학을 몸으
로 사셨습니다.'

이런 태도로 일관한 철학자에게 영감과 자극을 준 글
들이라면 독자 여러분에게도 큰 감동을 안겨줄 것이 틀림
없다.

차례

철학자의 스크랩북

어제

저녁엔 식사 자리에 조금 늦었다. 이유는 이랬다. 나는 앞이 훤히 트인 방에서 작업을 하는데, 거기에 여러 마리의 벌들이 죽어 있었다. 해마다 봄이면 목격하는 장면이다. 가엾은 벌들은 내가 열어둔 창으로 방에 들어왔다가 창문이 닫히자 그만 오도 가도 못하는 죄수의 신세가 되어버렸다. 투명한 장애물을 볼 턱이 없는 벌들은 사방에서 유리를 향해 몸을 필사적으로 날렸다. 그러다 상처를 입고 힘이 빠지면 지쳐 바닥으로 떨어져 죽어갔다. 그러나 어제는 몸집이 유난히 큰 수벌이 한 마리 있었다. 다른 벌들보다 힘이 훨씬 더 셌다. 이 녀석은 죽기는커녕 팔팔하게 살아서 전력을 다해 유리창을 향해 돌진하고 있었다. 마치 성난 짐승처럼 보였다. 그 모습을 지켜보며 나는 중얼거렸다. "아이고! 이 녀석아, 마침 내가 오지 않았더라면 너도 어둠이 깔리기 전에 죽었겠구나. 그러면 램프를 들고 계단을 올라오는 나에게 다른 벌들 틈에 끼어 죽은 채 발견되었겠지." 티투스 황제처럼, 나도 오늘은 일

일일선(一日一善)을 실천하게 되었네. 자, 이 벌의 목숨을 구해주는 거야. *아마 신의 눈에는 수벌 한 마리도 한 사람의 인간만큼 소중할 거야. 분명 수벌은 군주보다는 더 소중해.*

나는 창문을 활짝 연 다음에 냅킨을 들고 벌을 창 쪽으로 몰기 시작했다. 그러나 그 벌은 죽어라고 반대 방향으로만 날았다. 그래서 나는 냅킨을 휘둘러 벌을 잡으려 들었다. 그러자 내가 자기를 생포하려 한다는 사실을 알게 된 벌은 제정신을 잃고 당황했다. 벌은 유리창을 깨뜨리기라도 하겠다는 듯 맹렬히 몸을 날리고 또 날렸다. 마침내 벌은 절망에 빠져 미친 듯 방 안 온 곳을 돌아다녔다. 그러면서 웽 하고 내는 날갯짓 소리는 마치 이렇게 외치는 듯했다. "이 독재자야! 왜 나의 자유를 빼앗으려는 거야! 악질 사형집행관! 왜 나를 가만 내버려 두지 않는 거야? 나는 이대로가 행복한데. 왜 나를 박해하는 거야?"

정말 힘들게 추격한 끝에야 나는 겨우 냅킨으로 벌을 잡을 수 있었다. 그러다 본의 아니게 벌에게 상처를 입히고 말았다. 그런데 그 벌의 복수가 얼마나 집요한지! 벌은 침을 길게 쭉 내밀었다. 잔뜩 긴장한 벌은 나의 손가락에 잡힌 채 나를 쏘려고 힘을 주느라 몸을 웅크리고 있어서 작은 것이 더욱 작아 보였다. 그래도 나는 벌의 항의를 무시하고 팔을 창밖으로 쭉 내밀고 냅킨을 폈다. 그러자 벌은 깜짝 놀란 듯 한 동안 어리둥절해 했다. 그러다 태연히 무한한 공간 속으로 날아갔다.

여러분은 내가 벌의 목숨을 어떻게 구해주었는지 그 과정을 잘 알 것이다. 말하자면 나는 그 벌에겐 '섭리'였다. 그러나 이야기의 핵심은 다른 곳에 있다. 우리 인간도 혹시 신의 섭리 앞에서 이 어리석은 수벌과 똑같이 처신하는 것은 아닐까? 우리의 계획이 편협하고 불합리할 수 있다. 우리의 관점이 좁고 근시안일 수도 있다. 또 우리가 무모한 계획을 세울 수도 있다. 그런 까닭에 그 계획이 성취 불가능하거나 설령 성취된다 하더라도 우리에게 해를 입힐 수 있다. 즉시적으로 결과를 내놓는 목적만 추구하면서 자신의 눈앞밖에 보지 못하는 우리는 광인처럼 어떤 일에 맹목적으로 심취하며 그 일에 매진한다. 그러다 우리는 성공할 것이다. 또 승리를 거둘 것이다. 말하자면 벌처럼 눈에 보이지 않는 장애물에 머리를 박살내고 말 것이라는 뜻이다.

우리 모두를 내려다보면서 우리 모두를 구원하기를 바라는 신이 우리의 계획을 좌절시키면, 우리는 어리석게도 신에 대해 불평을 터뜨리며 신의 섭리를 탓한다. *우리를 벌하면서, 그리고 우리의 계획을 뒤집어엎어 우리에게 고통을 안겨주면서, 신이 우리를 해방시키고 우리에게 영원의 세계로 향하는 문을 열어주고 있다는 사실을 인간은 좀처럼 깨닫지 못한다.* 〈빅토르 위고〉

무대의 전통은 악인들과 영웅들의 전통이다. 셰익스피어는 진정한 악인의 존재를 진정으로 믿었던 사람이다. 진정한 악인이란 아주 무서운 어떤 비밀을 갖고 있는 사람인데, 그 비밀이란 그 사람의 도덕적 충동이 자연의 실수로 인해 전도(顚倒)되었다는 점이다. 그런 까닭에 악인에겐 사랑과 동정과 명예가 견딜 수 없이 나쁜 것으로 여겨질 뿐만 아니라 사회가 그에게 그러한 것들을 높이 사야 한다고 강요하는 것 자체가 혐오스럽게 느껴진다. 그에겐 잔혹과 파괴와 배반이 가장 소중하다. 이는 정상적인 사람의 내면에 원숭이와 호랑이 같은 성격이 공존하는 현상과는 완전히 다른 이야기이다. 정상적인 사람은 탐욕스럽고 게으르고 이기적이다. 그러나 악의를 품지는 않으며 혼잣말로라도 "악이여, 그대 이름은 선(善)이니라." 하고 속삭이지 못한다. 그 사람은 목적을 이룰 수단으로서만 나쁜 짓을 한다. 그러면서 그 목적이 언제나 옳은 목적이라고 생각한다. 악인의 경우에는 이와 정반대이다. 그런데 여기서 나는 한 마디를 덧붙여야 한다는 의무감을 느낀다. *간혹 사*

회적 이익이 똑똑한 악인의 편에 서는 것이 아닌가 하는 의문을 떨치기 어렵다는 점을 말이다. 왜냐하면 유능한 악인이 독일 전설에 나오는 악마 메피스토펠레스처럼 무자비한 악을 저지를 권력을 얻기 위해 선행을 엄청나게 많이 하는 것을 우리가 두 눈으로 보고 있고, 또 결국에는 그 악인이 아무것도 빼앗기지 않을 것이기 때문이다.

반면에 정상적인 사람은 한푼어치의 가치도 안 되는 사회적 지위와 경건, 안락, 가정의 화목을 지키기 위해 온갖 종류의 비열과 예속, 고통도 웃어넘기고 묵인하면서 자신의 길을 묵묵히 걸을 테지만, 이런 것들마저도 운명의 여신의 장난으로 인해 너무나 자주 빼앗긴다.

〈조지 버나드 쇼〉

거리를 걷고 있는데, 아주 쇠약하고 늙은 걸인이 나의 길을 가로막았다.

눈물이 그렁그렁 맺힌 퉁퉁 부은 눈, 새파란 입술, 천을 더덕더덕 덧댄 누더기, 지저분한 부스럼들…….

아, 빈곤에 갉아먹힌 불쌍한 존재! 그 사람은 부어올라 지저분하고 검붉은 손을 나에게 내밀었다.……

그는 신음을 뱉으며 한푼만 도와달라고 했다. 나는 주머니를 뒤졌다.…… 지갑도 없고, 시계도 없고, 손수건마저도 없었다. 지닌 게 아무것도 없었다.

그래도 거지는 기다리면서 손을 내밀고 있었다. 그 손은 가늘게 떨리고 있었다.

나는 당황한 나머지 혼란을 느끼면서 가늘게 떨고 있는 그 불결한 손을 덥석 잡고 진심으로 악수를 했다.……

"아이고, 어떡하죠! 그래도 저를 탓하지는 마세요. 지금 가진 게 아무것도 없네요."

그 거지는 부어오른 눈으로 나를 똑바로 바라보았다. 그

의 새파란 입술에 미소가 번졌다. 그러면서 그도 싸늘한 나
의 손가락을 꼭 쥐었다.

　"괜찮아, 친구야." 그가 중얼거렸다.

　"친구야, 고마워. 이것도 적선이야."

　나는 나 자신이 거지로부터 적선을 받았다는 사실을 깨
달았다.　　　　　　　　　　〈이반 세르게예비치 투르게네프〉

* 이 글은 '걸인'의 한 장면임.

어느 누구도 풍성한 삶을 누리기 전까지는 인생에서 성공을 거두었다고 말하지 못한다. 풍성한 삶이란 활력과 열정과 기쁨이 넘치고 의미 있는 활동으로 이어지는 삶을 말한다. *그것은 살아 있다는 사실 자체에 전율을 느끼며 벅찬 가슴으로 하루를 맞는 것이다.* 그것은 환희의 무아경에 빠져 아침을 맞으러 나가는 것이다. 그것은 진정한 영적 일치를 통해서 인간들이 모두 하나임을 깨닫는 것이다.

〈릴리언 화이팅〉

사회문제에 시간을 낭비하지 마라. *가난한 사람들의 문제는 빈곤이고, 부자들의 문제는 무익함이다.*

〈조지 버나드 쇼〉

어떤 사람을 진정으로 평가할 수 있는 곳은 교회의 예배당도 아니고 옥수수 밭도 아니다. 바로 그 사람의 집에 있는 화롯가이다. 거기서는 그 사람이 가면을 내려놓는다. 그러면 당신은, 그가 마귀인지 천사인지, 겁쟁이인지 왕인지, 영웅인지 아첨꾼인지 알 수 있을 것이다. 세상이 그 사람을 뭐라고 부르든 나는 신경을 쓰지 않는다. 세상이 그에게 왕관을 씌워주든 아니면 썩은 계란을 던지든 중요하지 않다. 어떤 경찰관이 있다면 나는 그 사람의 명성이 어떻든 종교가 무엇이든 신경을 쓰지 않는다. 만일 그의 아이들이 아빠가 집으로 돌아오는 것을 두려워하고 아내가 5달러짜리 지폐를 달라고 부탁할 때마다 긴장해서 침을 꼴깍 삼켜야 한다면, 그는 얼굴이 새까매지도록 밤낮으로 기도를 올리고 산을 뒤흔들어놓을 정도로 할렐루야를 외친다 해도 악질의 사기꾼에 지나지 않는다. 그러나 만일 그의 아이들이 그를 맞으러 현관으로 달려 나오고 아내가 남편의 발자국 소리에 사랑으로 얼굴을 훤하게 밝힌다면, 그 사람은 틀림없이 순수한 사람이다. 왜냐하면 그의 가정이 하나의 천국이기 때문이다. 아첨꾼이라면 절대로 위대한 신(神)의 하얀 왕관에 그렇게 가까이 다가설 수 없다. 그가 무신론자일 수도 있고, 무정부주의자일 수도 있고, 우유부단한 정치가일 수도 있다. 또 다섯 블록 안의 유권자들을 돈으로 매수할 수도 있고, 선거에 모든 것을 걸 수도 있다. 또 동전을 분간하지 못할 정도로 맥주를 퍼마실 수도 있다. 그렇다 하더라도, 밖에서는 더없이 상냥하게 굴면서도 가정을 지옥으로 만들어놓고 또 사회에서는 용기가 없어 동료들에게 감히 하지 못했던 온갖 나쁜 행동을 자기 아내와 자식들에게 하는 그런 겁쟁이 같은 아첨꾼보다야 이런 사람이 몇 백배 더 낫다. *여자를 울리기보다는 남자들에게 욕을 얻어먹는 사람, 자기 아내의 경멸을 사기보다는 온 세상의 미움을 사는 사람, 자기 자식의 얼굴에 공포감을 불러일으키기보다는 왕의 눈을 분노로 이글거리게 만드는 사람을 나는 용서할 수 있다.*

〈윌리엄 쿠퍼 브랜〉

교육도 잘 받고 유복한 계층인 우리가 현재 차지하고 있는 지위는 가난한 사람의 등을 올라타고 있는 '바다의 노인'의 지위와 같다. 유일한 차이가 있다면, '바다의 노인'과는 달리 우리는 가난한 사람들에게 대단히 미안해 한다는 점이다. 그리고 가난한 사람들을 구하기 위해 거의 모든 것을 할 것이라는 점이다. 가난한 사람에게 두 다리로 서 있을 만큼의 식량을 제공할 것이고 또 그에게 풍광의 아름다움에 대해서도 가르쳐 줄 것이다. 그에게 달콤한 음악도 들려주고 훌륭한 조언도 아주 많이 해줄 것이다. 그렇다. *우리는 가난한 사람을 위해 거의 모든 것을 할 것이다. 단 한 가지만 빼고. 그의 등에서 내려오는 것만을 빼고 말이다.*

〈레오 톨스토이〉

* 이 글 속의 '바다의 노인'은 그리스 신화에 나오는 물의 신이다. 신밧드의 모험에는 바다의 노인이 여행객을 꾀어 그 사람의 등에 올라탄 채 강을 건너는 것으로 나온다.

인생에서 성공을 거두길 원한다면, 당신은 다른 사람들이 당신의 뒷다리를 잡아당기려 기를 쓰는 가운데서도 성공할 수 있어야 한다. *사람들은 스스로를 돕는 자를 돕는다는 가르침은 전혀 아무런 의미가 없다.* 사람들은 스스로를 도울 수 없는 사람을 도우려 할 것이다. 그러다가도 그 사람이 스스로를 도울 수 있게 되는 순간, 사람들은 그의 인생을 최대한 불편하게 만드는 쪽으로 돌변할 것이다.

〈에드가 왓슨 하우〉

살아 있는 인간을 빼고 책보다 더 경이로운 것은 없다. 한번도 보지 못한 인간의 영혼들이, 수천 마일도 더 떨어진 곳에서 살다가 죽은 자들이 우리에게 보내는 메시지! 그 영혼들은 책갈피 속에서 우리에게 말을 걸고, 우리를 일깨우고, 우리를 몸서리치게 만들고, 우리를 가르치고, 우리를 위로하며 형제인 우리들에게 가슴을 활짝 열고 있다.

〈찰스 킹슬리〉

내가 죽은 뒤, 나를 가장 잘 알았던 사람들이 나에 대해서 꽃이 자라야 한다고 생각한 곳에는 언제나 엉겅퀴를 뽑아내고 꽃을 심었던 사람이라고 추억해 주었으면 좋겠다.

〈에이브러햄 링컨〉

교육은 사람들에게 모르는 것을 가르쳐주는 것이 아니다. 사람들이 하지 않는 행동을 하도록 가르치는 것이 교육이다. 교육은 젊은이들에게 글이나 계산법을 가르쳐 줘서 산수로 사기를 일삼고 문학을 욕망의 도구로 삼도록 하는 것이 아니다. 그와 반대로, 교육은 젊은이들이 육체와 영혼의 훈련과 금욕을 실천하도록 가르치는 것을 의미한다. 교육은 친절과 보살핌, 경고, 훈시를 통해, 그리고 무엇보다도 본보기를 통해 지속적으로 행해야 하는 수고스럽고 힘든 과정이다. 〈존 러스킨〉

자신이 현재 살고 있는 삶에, 자신이 현재 생각하고 있는 사고에, 그리고 자신이 현재 하고 있는 행동에 절대적으로 만족하는 순간들은 누구에게나 불행이다. 그때엔 더 큰 것을 이루고자 하는 욕망이 영혼의 문을 두드리지 않기 때문이다.

〈필립스 브룩스〉

다른 사람들로부터 대접을 잘 받고 싶거든 먼저 그 사람들부터 대접을 잘 해 주라. 그리고 다른 사람들이 우리의 권리를 양심적으로 인정해주길 바라거든 그 사람들의 권리부터 먼저 그렇게 존중해주라. 이것은 단순히 개인들에게 완벽을 기하라고 하는 조언이 아니다. 평화의 축복과 풍요를 누리길 원한다면, 이것은 사회제도와 국가정책에서도 지켜져야 할 하나의 법이다.

〈헨리 조지〉

어떤 사람의 동기와 이상, 생각과 정서가 제아무리 고
매할지라도 그 사람을 강하게 만들어 일상의 일들을 어느
정도 초월하도록 만들지 못한다면, 그런 것들은 아무런 의
미를 지니지 못한다.　　　　　　　　　　〈헨리 워드 비처〉

인생의 즐거움은 자신이 하는 모든 것을 완벽하게, 아니
면 적어도 능력을 최대한 발휘하여 해내는 데 있다. 그런 식
으로 정성을 다해 이룬 일을, 즉 모든 부분들을 완벽하고 정
확하게 마무리한 일을 둘러볼 때에는 만족감과 긍지 같은
것이 느껴진다. 이는 일을 대충 처리하는 피상적인 사람은
결코 알 수 없는 즐거움이다. 일을 예술로 승화시키는 것이
바로 이런 양심적인 완벽성이다. *아무리 하찮은 일일지라
도 잘 처리할 경우에는 예술이 되는 법이다.*

〈윌리엄 매튜스〉

행복을 이루는 방법에는 두 가지가 있다. 욕구를 줄이든
지 아니면 수단을 늘리는 것이다. 어느 쪽이든 행복에 도움
이 될 것이다. 결과는 똑같다. 어느 쪽이 더 쉬운지는 각자
가 판단할 일이다.

만일 게으르거나 아프거나 가난하다면, 욕구를 줄이는
것이 무척 어려울지라도 수단을 늘리는 것보다는 더 쉬울
것이다. 만일 활동적이고 번영을 구가하거나 젊거나 건강
이 좋다면, 욕구를 줄이는 것보다 수단을 늘리는 것이 더 쉬
울 수도 있다.

그러나 현명한 사람이라면 젊든 늙었든, 부유하든 가난
하든, 병에 걸렸든 건강하든 두 가지를 동시에 추구할 것이
다. 그리고 만일 매우 현명한 사람이라면, 사회 전반의 행복
을 높이는 쪽으로 두 가지를 다 할 것이다.

〈벤저민 프랭클린〉

우리 대부분은 젊은 시절부터 경쟁이 인간의 건강과 진보에 기본적으로 필요하다고 배웠다. 혹은 허버트 스펜서의 표현을 빌리면, "사회는 그 구성원들의 적대심을 먹고 꽃을 피운다."는 소리를 들으며 자랐다.

그러나 분명한 진리는 협동은 좋고 경쟁은 나쁘며, 사회는 인간 존재들의 상호 협동을 통해 번창한다는 것이다. 모든 위대한 군사작전이나 상업 활동에서 개인주의가 집단 행위에 종속된다는 사실은 너무나 잘 알려져 있다. 집을 둘로 쪼개도 그대로 서 있을 것이라고 믿는 사람은 아무도 없다. 그 집은 틀림없이 무너져 내릴 것이다. 또 내부 갈등과 파벌에 의해 국민이 둘로 갈린 국가는 국민들이 단합한 국가에 맞설 수 없다. 크리켓이나 풋볼 경기, 군대, 선박의 선원들, 그리고 학교에서도 "구성원들의 적대심"은 곧 패배와 실패를 의미할 것이다. *서로 적대시하는 사람들로 구성된 사회는 절대로 온전할 수 없으며 하나의 사회로 존재조차 하지 못할 것이다.* 사람들이 도시를 건설하고 운영하거나, 교량이나 도로를 건설하거나, 대학을 세우거나, 선박을 운항하거나, 교육제도나 정책을 마련하거나 한다면, 그들은 모두 어울려 함께 노력해야 하지 서로 맞서서는 안 된다. 벌들이 하나의 집단으로 상호협력의 원칙에서 일을 하지 않는다면 벌집 같은 것은 절대로 있을 수 없다. 앞에서 말한 것들도 이와 다를 바가 하나도 없다.

〈로버트 블래치포드〉

미덕은 단 하나뿐이다. 인간 존재들이 자유롭고 아름다운 삶을 살도록 도와주는 것이다. 죄악도 단 하나뿐이다. 인간 존재들에게 무관심하게 대하거나 잔인하게 해를 입히는 것이다. *인간에 대한 사랑이 도덕의 전부이다.* 그것이 선(善)이고, 그것이 인본주의이고, 그것이 사회적 양심이다.

〈존 윌리엄 로이드〉

많은 사람들이 나의 언어의 신랄함에 반대한다는 사실을 나도 잘 알고 있다.

하지만 신랄하지 않아야 할 이유가 있는가? *나는 진실만큼 엄정할 것이며, 정의만큼 단호할 것이다.* 진실과 정의에 대해서는 나는 중용의 정신으로 생각하거나 말하거나 쓰지 않을 것이다. 절대로! 절대로!

자기 집에 불이 난 사람에게 차분하게 경보를 울리라고 말해봐라. 그 사람에게 화마의 손아귀에서 아내를 차분하게 구해내라고 충고해봐라.

그리고 엄마에게 불구덩이에 떨어진 아이를 천천히 끄집어내라고 말해봐라. 설령 그런 위급한 사람들에게 그렇게 한다 하더라도 나에게는 지금 우리가 처한 문제에 중용의 태도를 취하라고 촉구하지 마라. 정말로, 진정으로 하는 말이다.

나는 얼버무리지 않을 것이다. 변명도 하지 않을 것이다. 단 한걸음도 뒤로 물러서지 않을 것이다. 나의 목소리

를 뚜렷이 낼 것이다. 지금 사람들의 무관심은 모든 동상
들을 좌대에서 뛰어 내리게 하고 사자(死者)의 부활까지
서둘러야 할 만큼 심각한 실정이다.

〈윌리엄 로이드 개리슨〉

훌륭한 책을 파괴하는 것은 사람을 죽이는 것이나 마
찬가지이다. 사람을 죽이는 사람은 이성적인 창조물을, 신
의 이미지를 죽이는 것이지만, 훌륭한 책을 파괴하는 사람
은 이성 자체를 죽이는 것이다.　　　　　〈존 밀턴〉

이기심은 내가 살고 싶은 대로 사는 것이 아니다. *이기심은 다른 사람들에게 내가 원하는 방식대로 살라고 요구하는 것이다.* 그리고 이타심은 다른 사람들의 삶을 가만 내버려두는 것이다. 다른 사람들의 삶에 간섭하지 않는 것이 이타심인 것이다.

이기심은 언제나 어떤 한 가지 유형으로 완전히 일치시키는 것을 목표로 잡는다. 이타심은 어떤 유형을 무한정 변형시키는 것을 유쾌한 일로 인정하고, 그것을 받아들이고, 그것에 동의하고, 그것을 즐긴다. 〈오스카 와일드〉

한 인간 존재가 다른 사람에게 영향력을 미치는 방법
으로 유일하게 적절한 것은 그 사람에게 자신의 의견을 주
입시키는 것이 아니라 그 사람 스스로 생각하도록 격려하
는 것이다. 〈레슬리 스티븐〉

어떤 사람에게 기쁨의 눈물을 흘릴 만큼 감동을 안겨주
는 나무도 다른 사람의 눈에는 그저 길을 방해하는 초록색
물체에 지나지 않을 수 있다.

누구는 자연에서 온갖 우스꽝스런 모습과 기형을 보고,
누구는 자연에서 거의 아무것도 보지 않는다. 그러나 상상
력이 풍부한 사람의 눈에 자연은 상상력 그 자체이다. *사람
의 인격에 따라 그 사람이 보는 것도 달라지는 법이다.*

〈윌리엄 블레이크〉

모든 사람들에게 정중하게 대하되 몇 사람하고만 친하게 지내도록 하라. 그 몇 사람도 신뢰하기 전에 충분히 검증을 거치도록 하라. *진정한 우정은 느리게 성장하는 식물과 같으며, 우정이라는 이름으로 불리기 전에 역경의 충격을 겪고 견뎌내야 한다.* 모든 사람의 애정과 절망을 너의 가슴으로 진정으로 느끼도록 하고, 사정이 허락하면 지갑도 열도록 하라. 빈자(貧者)의 일등(一燈)의 힘을 언제나 기억해야 한다. 아울러 자선을 요구한다고 해서 모두에게 다 베풀어야 하는 것은 아니라는 사실도 알기 바란다.

비싼 옷을 입어야 멋지게 보인다는 생각도 하지 마라. 깃털이 아름답다고 해서 훌륭한 새가 되지는 않는 법이란다. 현명하고 분별 있는 사람의 눈에는 검소하고 수수한 옷이 레이스나 장식이 많은 옷보다 훨씬 더 멋져 보이고 신뢰가 간다. 〈 조지 워싱턴〉

* 워싱턴이 조카인 부시로드 워싱턴에게 보낸 편지 중에서.

모든 진실은 안전하며 그 외의 다른 것은 어떠한 것도 안전하지 않다. *그리고 진실을 숨기거나 편의상 진실을 사람들에게 밝히지 않는 사람은 겁쟁이이거나 범죄자이거나 아니면 둘 다이다.*

〈막스 뮐러〉

누군가를 사랑하는 사람은 이 세상에 이바지하는 존재이다. 다른 사람에게 사랑을 받는 사람은 이 세상에 반드시 있어야 하는 존재이다. *또 친구가 하나라도 있는 이상, 그 사람은 절대로 쓸모없는 존재가 아니다.*

〈로버트 루이스 스티븐슨〉

꿈을 꾸는 능력은 우리를 조롱하기 위해 주어진 것이 아니다. *꿈의 이면에 현실이 있다.* 그리고 우리의 합당한 욕망의 뒤에 신성(神性)이 있다.

그 자체 안에 신성을 품고 있는 욕망이라고 할 때, 그 욕망은 우리가 원하긴 하지만 필요하지는 않는 그런 것이 아니다. 우리의 입술 위에서 '사해(死海)의 과일'(dead sea fruit: 아름답거나 많은 것을 약속할 것처럼 보이지만 실상은 실망만 안겨주는 것을 일컫는다/옮긴이)이 되거나 채우고 나면 재가 되어버리는 그런 욕망이 아니라, 이상들을 현실로 구현하고자 하는 영혼의 합당한 욕망을 뜻한다.

넝마주이의 세계관을 갖고 있는 한, 그 사람은 넝마주이를 벗어나지 못할 것이다.

우리의 정신적 태도, 즉 우리의 가슴의 욕망은 우리의 기도이며 자연은 이 기도에 화답한다. 자연은 우리 인간이 스스로 추구하는 바를 간절히 바라는 것을 당연하게 여긴다. 그러면서 자연은 우리가 그 욕망에 가까이 다가설 수 있

도록 돕는다. 사람들은 자신의 욕망이 곧 자신의 영원한 기도라는 것을, 머리의 기도가 아니라 가슴의 기도라는 것을, 그리고 욕망하는 그것이 자신에게 주어진다는 것을 좀처럼 깨닫지 못한다.

대부분의 사람들은 적절한 야망이 매우 성스럽다는 것을 잘 알지 못한다. 우리의 내면에서 우리를 위로 또 위로, 앞으로 또 앞으로 영원히 밀고 있는 이 충동은 도대체 무엇인가? 그것은 바로 우리가 지속적으로 최선을 다하게 하고 차선을 거부하도록 만드는 그 충동이다.

〈오리슨 스웨트 마든〉

이 세상의 일들 중에서 나의 몫은 극히 제한적이다. 그래도 그것이 일이라는 사실 자체가 그 일을 소중하게 만든다. 찰스 다윈도 한 번에 30분정도밖에 집중하지 못했을 것이다. 그럼에도 그는 수없이 많은 그 반시간의 작업을 통해 철학의 새로운 토대를 쌓을 수 있었다.

역사학자 존 리처드 그린(John Richard Green)은 우리에게 이 세상은 영웅들에 의한 강력한 요동만 아니라 정직한 근로자들 한 사람 한 사람의 작은 압박의 집합에 의해서도 움직인다는 이야기를 들려주고 있다.

〈헬렌 켈러〉

결함을 찾아내는 것만큼 쉬운 일은 없다. 투덜거리는
일로 이름을 얻는 데는 재능도, 자제력도, 두뇌도, 개성도
필요하지 않다.   〈로버트 웨스트〉

지도자의 성격과 자질은 그가 선택하여 훈련시키며 주변
에 두고 있는 사람들에게 반영된다. 나에게 지도자를 보여주
면 나는 그의 부하들이 어떤 사람인지를 알 수 있을 것이다.
나에게 부하들을 보여주면 나는 그들의 지도자가 어떤 사람
인지를 알 수 있을 것이다. *그러니 충직하고 능력 있는 직원
들을 두길 원한다면, 먼저 당신 자신부터 충직하고 능력 있
는 고용주가 되도록 하라.*   〈아서 W. 뉴콤〉

이 세상 속에서 세상의 여론을 좇아 사는 것은 쉬운 일이다. 또한 혼자 은둔하면서 자신의 의견대로 사는 것도 쉬운 일이다. 그러나 위대한 존재는 군중 속에서도 은둔의 자유를 만끽할 줄 아는 사람이다.　　〈랄프 왈도 에머슨〉

나는 아이들을 사랑한다. *아이들은 어제에 대해 말하지 않는다.* 아이들의 관심은 언제나 오늘과 내일에 있다. 그래서 나는 아이들을 사랑한다.　　〈리처드 맨스필드〉

지금 그대로 당신의 모습도 나는 사랑한다. *그러나 나는 미래의 당신의 모습을 더욱 더 사랑한다.*

당신의 현실도 사랑하지만 그 이상으로 당신의 이상(理想)도 나는 사랑한다. 나는 실망스러울 만치 작을 수도 있는 당신의 만족보다는 위대할 수 있는 당신의 이상을 위해 기도한다.

만족한 꽃은 이제 막 꽃잎을 떨어뜨리려 하는 꽃이다. *가장 아름다운 장미는 더 멋진 성장을 이루고 싶은 욕망의 격통과 황홀경에 한껏 부푼 가운데 이제 막 꽃망울을 터뜨리려는 장미이다.*

당신은 언제나 지금과 같을 수 없다.

당신은 위대한 무엇인가를 향해 나아가고 있다. 그 길을 나는 당신과 함께하고 있다. 그러므로 나는 당신을 사랑한다.　　　　　　　　　　　〈칼 샌드버그〉

삶을 두려워하지 마라. 그리고 자연의 법칙들을 체념하듯 받아들일 것이 아니라, 질문을 던지고 탐구하는 자연의 아들의 자세로 받아들이도록 하라. *그러면서 영혼에 평화와 확신이 깃들도록 만들어라. 이런 것들이 행복을 부르는 믿음들이다.*

〈모리스 마테를링크〉

신사의 기본적인 특징이 무엇인가 하는 질문을 받는다면 아마 이렇게 대답할 것이다.

"*첫째는 타인의 입장에 서 보려는 의지이고*, 둘째는 자신이 꺼리는 견해를 타인에게 강요하는 것 자체를 두려워하는 마음이고, 셋째는 자신이 옳다고 판단하는 것이면 무엇이든 다른 사람의 말이나 생각을 고려하지 않고 할 수 있는 힘이다."라고.

〈존 골즈워시〉

'맹신'은 머리가 없어 생각할 수도 없고, 가슴이 없어 느끼지도 못한다. '맹신'은 활동하고 있을 동안에는 틀림없이 격노한 상태일 것이고 쉬고 있을 때에는 틀림없이 폐허 위에 쓰러져 있을 것이다. '맹신'의 기도는 저주이고, 그 신은 악마이다. 또 '맹신'이 전하는 것은 죽음이며, 그 복수는 불멸이며, 그 계율은 희생자들의 피 속에 쓰여 있다.

만일 '맹신'이 지옥을 비행(飛行)하는 도중에 잠시 멈춘다면, 그곳은 틀림없이 자신의 독수리가 더욱 잔인하게 사냥에 나서도록 송곳니를 날카롭게 갈 바위가 될 것이다.

〈대니얼 오코넬〉

인간은 점진적으로 지적 능력을 키우고 또 자신의 행동이 미치는 영향을 점점 더 멀리까지 추적할 수 있게 되었다. 인간은 해로운 관습과 미신을 거부할 수 있을 정도로 지식을 많이 쌓았다. 또 인간은 자기 동료들의 번영뿐만 아니라 행복까지도 더욱 깊이 고려하게 되었다.

인간이 이로운 경험을 소중히 여기는 습관을 얻음에 따라 인간의 동정심도 더욱 깊어지고 더욱 넓게 퍼지게 되면서 모든 인종의 인간들에게, 그리하여 마침내 하등동물에게까지 확대되었다. 아울러 인간의 도덕성의 기준도 더욱 높아졌을 것이다.

미래세대를 볼 때, 사회적 본능이 갈수록 약해질 것이라고 우려할 근거가 전혀 없다. 인간의 고결한 습관이 더욱 단단하게 굳어질 것이라고 기대해도 좋을 것이다. *고결한 충동과 저열한 충동 사이의 갈등이 약해질 것이고, 끝내는 미덕이 승자가 될 것이다.*　〈찰스 다윈〉

오! 대지의 자식들의 운명을 지배하는 보이지 않는 신이시어!

저의 본성이 그대의 본성과 조화를 이루도록 저에게 삶의 교향악을 가르쳐 주소서.

사랑하고 희생하고 관대하게 베푸는 것의 즐거움을 저에게 보여주소서.

용기와 불굴의 정신과 확신으로 인생의 길을 알며 살아가도록 가르쳐주소서.

저의 혀와 기질을 다스리고, 또 최선의 삶을 살면서도 다른 생명들의 사생활과 권리와 경계를 적절히 존중할 수 있도록 저 자신의 생명을 지배하는 기술을 인내로 배울 지혜를 저에게 내려주소서.

저 자신의 활동을 통해서 저의 강점과 야망과 가능성을 최대한 발휘하고, 곤경에 처해서 격려와 구원을 필요로 하는 사람에게 도움의 손길을 언제든 친절하게 뻗을 수 있도록 도와주소서.

얼굴을 찌푸릴 일이 있을 때에도 미소를 짓게 해주시고, 거칠거나 모진 행동 대신에 다정한 말로 할 수 있도록 해 주소서.

제아무리 의기양양해 보이거나 초라해보일지라도, 모든 삶에는 숨겨진 불행이 있다는 사실을 저로 하여금 깨닫게 하여 슬픔에 빠져서도 동정심을 잃지 않도록 해주소서.

삶의 전투에서 제가 부상을 입거나 비틀거리기라도 하면, 저의 상처에 희망의 향유를 부어주시고 저의 가슴에 용기를 불어넣어주시어 제가 결연히 일어나서 싸움을 계속하게 해 주소서.

인생의 모든 관계에서 제가 이기심도 부리지 않고 자기비하의 죄도 짓지 않고 겸손하도록 해주소서.

성공을 할 때에도 제가 온유하도록 해 주시고,

슬픔에 빠져 있을 때에도, 저의 영혼이 그림자가 없으면 햇살도 없을 것이며 또 인생의 모든 것은 나름의 이면이 있다는 생각으로 용기를 얻도록 해주소서.

또 진실하고 충직한 친구가 되게 해주소서.

저 자신의 단점을 잘 아는 겸손한 마음으로 정직한 사랑을 베푸는 정다운 동행이 되게 해주소서.

〈윌리엄 J. 로빈슨〉

우리 모두는 지금 사람의 내면에 생기를 불어넣고 내면 세계를 지배하는 어떤 정수(精髓) 같은 것, 말하자면 그 사람의 모든 것을 압축한 영혼 같은 것이 있다고 믿는다. 이 영혼은 음침하든 밝든, 시시하든 위대하든, 순수하든 잡스럽든 그 사람의 두 눈을 통해 밖을 보고 그 사람의 목소리로 소리를 내고 그 사람의 예의범절로 스스로의 모습을 드러낸다. 그것이 바로 우리가 개성이라 부르는 것이다.

〈찰스 W. 엘리엇〉

하루하루 나의 일에 충실하도록 해 주소서.

그러다 만일 절망의 시간이 나를 덮친다면, 옛날에 절망에 빠졌을 때 나를 일으켜 세웠던 그 힘을 잊지 않도록 해주소서.

나의 어린 시절, 고요한 언덕을 걷고 잔물결 찰랑이는 강가에 앉아 꿈을 꾸던 그 아름다웠던 시간들을, 빛이 나의 내면을 가득 채우던 그때를 지금도 기억하게 해주소서.

인생을 살다가 폭풍우가 몰아쳐도 용기를 잃지 않겠다고 신에게 약속하던 그때를 기억하게 해주소서.

방심하고 있다가 쓰라린 고통이나 격정에 휘둘리는 일이 없도록 해주소서.

빈곤과 부는 정신의 문제라는 것을 잊지 않게 해주소서.

세상이 나를 몰라주더라도, 나의 생각과 행동이 나 자신을 소중히 여길 수 있도록 해주소서.

나의 두 눈이 땅만을 보지 않고 별들을 자주 올려다보도록 해주소서.

나 자신이 나를 미워하는 일이 없도록, 다른 사람을 판단하지 않도록 해주소서.

시류에 휘둘리지 않고 나만의 길을 조용히 걷도록 해주소서.

나의 인격을 보고 나를 사랑하고, 방황하는 나의 걸음마다 친절한 희망의 횃불을 들어줄 몇 명의 친구를 갖게 해 주소서.

그러다 늙고 허약해져 내가 더 이상 꿈을 이야기하지 않게 되더라도, 그래도 여전히 생명에 대해, 아름답고 달콤한 옛날의 추억에 대해 감사하도록 가르쳐주소서.

그리고 인생의 황혼 앞에서도 여전히 품위를 지킬 수 있도록 해주소서.　　　　　　　　　　〈맥스 에흐만〉

대지의 그 어떤 것도 그냥 지나치지 못하고 또 거부하지도 못하고 경멸하지도 못하는 것이 '열린 길'(Open Road)의 중요한 비밀이다. 여행길에 나서면, 크고 작은 많은 것들이 당신의 주의를 끌게 된다. 그러면 당신은 그 모든 것을 열린 눈과 소박한 가슴으로 본다. 이 대지의 어느 것이든 다 어딘가에 속한다는 사실을 믿도록 하라. 이 세상의 모든 존재들은 인간의 삶이라는 모자이크 안에서 저마다 다 적절하고 빛나는 자리를 차지하고 있다.

길은 불관용의 장막을 내리거나 오만의 턱을 치켜든 사람에게는 열리지 않는다. 품위 없거나 불결하다고 여겨지는 사람들을 거부할 때, 그때 당신이 거부하는 것은 정작 당신 자신이다.

추한 것을 멸시한다면, 당신은 아름다운 것이 무엇인지를 결코 알지 못할 것이다.　　　　　〈데이비드 그레이슨〉

법(法)이란 것은 정의롭다고 느껴져 약간의 사랑도 받
아야 하고, 엄격하다고 여겨져 약간의 두려움의 대상도 되
어야 하고, 그 시대의 지배적인 분위기와 조화를 이루지 못
해 약간의 미움도 받아야 하고, 그래도 필요하다고 느껴져
존경을 받을 수 있어야 한다. 〈에밀 푸겟〉

독서와 정신의 관계는 운동과 육체의 관계와 비슷하다.
운동을 통해서는 건강이 지켜지고 강화되며, 독서를 통해
서는 정신의 건강인 미덕이 생생하게 지켜지고 번창한다.

〈조지프 애디슨〉

예술이 따라야 할 길을 제시하는 것이 무슨 소용이 있겠는가. 예술에 길을 제시한다는 것은 곧 예술을 의심한다는 뜻이 아닌가. 예술이란 모름지기 자연의 법칙에 따라 발전하면서 전적으로 인간의 요구에 부응할 수 있어야 한다.

예술은 언제나 자연에 충실한 모습을 보여왔으며 사회 발전과 보조를 맞춰왔다. *미(美)의 이상은 건강한 사회에서는 결코 죽지 않는다.* 그렇기 때문에 우리는 예술에 자유를 부여하고, 예술을 가만 내버려둬야 한다. 예술에 대해 확신을 갖도록 하라. 그러면 예술은 뜻한 바를 이룰 것이다.

어쩌다 그 길에서 벗어난다 하더라도, 예술은 곧 다시 원래의 자리로 돌아올 것이다. 사회 자체가 길잡이가 될 것이다. 어떠한 예술가도, 아니 셰익스피어조차도 예술에 길과 목표를 정해줄 수 없다. 〈표도르 도스토예프스키〉

나는 경험을 근거로 종교를 믿는다. 신은 종교를 만들었고, 인간은 신학을 만들었다. 신이 시골을 만들고 인간이 도시를 만든 것과 똑같다. *나는 종교에 전적으로 공감하지만 사람을 오도하는 신학은 더없이 경멸한다.* 아이들에게 싸구려 감상이나 독단적인 종교를 주입시키지 않도록 하라. 아이들에게 자연을 안겨주라. 아이들의 영혼이 순수하고 달콤한 것들을 마시도록 하라. 가능하다면 유쾌한 환경에서 아이들을 키워라. 만일 아이들이 어둠 속을 더듬는 영혼을 갖고 이 세상에 태어났다면, 그들이 빛을 보고 느끼도록 해주어라. *일찍부터 내세에 대한 두려움으로 아이들이 무서워하게 만들지 마라. 지옥에 대한 공포부터 먼저 배워서는 아이들이 절대로 고귀하고 선한 존재가 되지 못한다.*

자연이 아이들에게 선하고 훌륭한 삶의 교훈을 가르치도록 해 주라. 거기에 균형 잡힌 영양이 풍부하게 공급된다면 금상첨화가 아니겠는가. 그런 아이들은 선남선녀로 성장할 것이다. 외부의 가장 좋은 것과 접촉하게 함으로써 아이들에게 가장 훌륭한 것을 주입시키도록 하라. 그러면 아이들은 식물이 햇빛과 이슬을 빨아들이듯 최선의 것을 흡수할 것이다.　〈루서 버뱅크〉

긴장이 팽팽한 어떤 공간에 들어갔는데 그 안의 모든 것이 당신을 밀어내는 것 같이 느껴진다. 단 일 분도 견디지 못할 만큼 숨이 턱턱 막힌다. 그래도 당신은 절대로 포기해서는 안 된다. 바로 그 시점이 조수(潮水)의 흐름이 거꾸로 바뀔 때이기 때문이다.　〈해리엇 비처 스토〉

ℰℓℓℓℓ

‘*seventy years young*’이라는 표현이 ‘*forty years old*’

라는 표현보다 훨씬 더 쾌활하고 희망적으로 들린다.

〈올리버 웬델 홈즈〉

ℰℓℓℓℓ

어떠한 사람도 경멸하지 말고, 어떠한 사물도 버리지 않

도록 하라. 왜냐하면 이 세상의 사람들 중에 한철을 타고나

지 않은 사람이 없고, 이 세상의 사물들 중에 제자리를 갖지

않은 것이 없기 때문이다.　　　　　　　　〈벤 아자이〉

인생을 다시 살게 된다면, 나는 일주일에 적어도 한 번씩은 음악을 듣고 시를 읽는 것을 규칙으로 정하겠다. 그렇게 할 경우 지금 나의 뇌 중에서 위축된 부위들을 사용하여 활성화시킬 수 있을 것이기 때문이다.

시를 읽고 음악을 듣는 취미를 상실하는 것은 곧 행복을 상실하는 것이며 아마도 지능의 상실일 수도 있다. 또 우리 본성 중 정서적인 부분을 약화시킴으로써 도덕적 능력을 손상시켰을 가능성이 지능에 해를 입혔을 가능성보다 더 크다.

〈찰스 다윈〉

인생은 마치 인간으로는 어쩔 수 없는 사건들의 연속인 것처럼 보인다. 갑작스런 돌풍이 어느 방향에서 불어올지 우리는 전혀 알지 못한다. 불행과 행복은 마치 초대받지 않은 손님처럼 저 스스로 왔다가 저 스스로 나간다. 그것들의 법과 궤도, 중력의 원칙은 인간이 알 수 없는 영역에 속한다. 미덕이 행복으로 이어지지도 않고, 죄가 벌로 이어지지도 않는다. *양심은 이런 논리를 갖고 있고, 운명은 저런 논리를 갖고 있다. 양심의 논리와 운명의 논리는 절대로 일치하지 않는다.* 예측할 수 있는 것은 아무것도 없다. 우리는 그냥 혼돈 속에서 하루하루 살아가고 있다. 양심은 곧고, 삶은 우리의 머리 위로 칠흑의 카오스나 청명한 하늘을 만들어내는 회오리바람이다. *운명의 여신은 단계적 변화의 기술을 발휘하지 않는다.* 그녀의 바퀴가 매우 빨리 돌기 때문에 간혹 우리는 그 바퀴의 이번 회전과 다음 회전을 명확히 구분하지 못한다. 〈빅토르 위고〉

모든 사람은 공적인 문제에 관심을 기울일 줄 알아야 한다. 돈 자체에는 전혀 행복이 없다.

돈을 아무리 많이 번다고 해도 누구나 약간의 액수밖에 쓰지 못한다. 풍족하게 먹고, 멋지게 입고, 좋은 집에 살아도 돈이 남는다. 이런 것들이 다 갖춰지고 나면 돈은 개인의 차원에서 할 일을 다 한 셈이다. 그 이상의 돈을 가진 사람은 더 먼 곳을, 더 높은 곳을 보아야 한다.

갑부들이 즐거움을 추구할 수 있는 곳은 돈이 사회의 전반적 복지에 기여하는 공적 분야뿐이다. 거기서 돈은 한 차원 더 높은 임무를 수행하게 될 것이다.

인간이 할 수 있는 가장 선한 일은 인류에 기여하는 쪽으로 자기 자신을 연마하고 힘을 키우는 것이다.

〈마셜 필드〉

자신이 진실이라고 생각하는 것을 무슨 이유에선지 진실로 인정하지 않으려는 사람은 반드시 자신의 내면의 존엄을 훼손하게 된다. 그런 사람의 정신은 점차 성장을 멈추게 될 것이다. 왜냐하면 그 정신이 이곳저곳을 끊임없이 기웃거리며 눈치를 보다가 급기야는 성장의 자유보다 인공의 울타리를 더 중히 여기게 되기 때문이다.

그런 정신의 소유자들이 움츠러들고, 평범해지고, 영향력을 잃고, 친구를 잃고, 젊음과 성장의 열정을 잃는다는 사실을 눈치채지 못한다면, 당신은 그들을 제대로 관찰하지 않았다고 보면 된다. 그들의 모습을 보면 마치 병든 잎을 다 떨어뜨리고 벌거벗은 채 생명력을 잃고 겨우 버티고 서 있는, 버섯으로 뒤덮인 나무처럼 보인다.

아직 쓰러지지 않았다 뿐이지 죽은 것이나 마찬가지인 그런 나무 말이다. 〈루서 버뱅크〉

사람들은 곧잘 나에게 이렇게 묻는다. "톨스토이, 당신은 설교는 참 잘 하는데 실천은 어떤가?"

이런 질문은 아주 당연하다. 나에게 언제나 던져지는 질문이다. 그럴 때면 나는 늘 대답이 궁해진다. "다른 사람들에게 설교를 하는 주제에 당신이 인생을 사는 꼴은 왜 그 모양인가?" 하는 힐책이 담긴 질문이다.

그러면 나는 설교를 하고는 있지만 정작 내가 원하는 만큼 열정적으로 하지는 않는다고 대답할 수 있다.

나는 나의 행동을 통해서도 설교를 할 수 있다. 하지만 나의 행동은 훌륭하지 않다. 내가 하는 말은 설교가 아니다. 그것은 단지 인생의 의미와 중요성을 발견하려는 노력일 뿐이다.

또 사람들은 종종 나에게 이렇게 묻는다. "당신이 예수 그리스도의 가르침을 벗어난 곳에는 이성적인 삶이 전혀 없다고 생각하고 있고 또 이성적인 삶을 사랑하고 있다면, 왜 당신은 예수 그리스도의 가르침에 충실하지 않는가?" 나는 그

가르침을 충실히 따르지 않기 때문에 죄를 짓고 있다고 비난받아 마땅하고 경멸의 소리를 들어야 한다. 하지만 그와 동시에 나는 이렇게 대답한다. 정당화가 아니라 나의 불일치에 대한 해명으로 하는 말이다. "*어제의 나의 삶과 지금 이 순간의 나의 삶을 비교해보라. 그러면 당신은 내가 예수 그리스도의 가르침에 충실하려고 노력하고 있다는 사실을 알 수 있을 것이다.* 내가 예수 그리스도의 가르침 중에서 천분의 일도 실천하지 않은 것은 사실이다. 그 때문에 나는 비난받아 마땅하다. 그러나 그것은 내가 그 가르침 모두를 실천하길 원하지 않아서가 아니다. 내가 할 수 없어서 그럴 뿐이다. 지금 나를 괴롭히는 유혹에서 빠져나올 수 있는 길을 나에게 가르쳐주라. 그러면 모든 가르침에 충실할 수 있을 것이다. 당신이 나를 비난하기로 했다면 그렇게 해도 좋다. 하지만 지금 내가 따르고 있고 또 나에게 길을 묻는 사람들에게 내가 제시하고 있는 그 길에 대해서만은 비난하지 않았으면 좋겠다."

〈레오 톨스토이〉

무엇보다도 먼저, 우리는 인간의 모든 행동에서 지나치게 부족하거나 지나치게 과한 것은 똑같이 파멸을 부른다는 사실을 알아야 한다. 체력과 건강에서 확인할 수 있는 것과 똑같다.

운동을 지나치게 많이 하는 것과 운동을 지나치게 적게 하는 것은 똑같이 체력을 훼손시킨다. 또 고기와 술을 지나치게 많이 먹고 마시는 것과 지나치게 적게 먹고 마시는 것은 똑같이 건강을 해친다. 그러나 적절한 양의 운동과 고기와 술은 건강을 낳고 또 건강을 지켜나간다.

그렇기 때문에 온갖 쾌락을 두루 즐기며 금욕을 모르는 사람은 난봉꾼이 될 것이며, 모든 쾌락을 피하는 사람은 멍청하고 무신경해질 것이다.　　　　〈아리스토텔레스〉

우리는 인간이며 또한 죽을 운명을 타고 났다. 그럼에도 불구하고 우리는 과거와 미래와 아무런 관계가 없는 단절된 존재는 절대로 아니다. 우리가 육체적으로 살고 있는 이 땅 위의 이 지점도, 지금 이 순간도 우리의 이성적 및 지적 기쁨을 제한하지 못한다. 우리는 과거 역사에 대한 지식을 통해 과거에도 살고, 희망과 예견을 통해 미래에도 산다. 선조들과의 연결을 추구함으로써 그들의 본보기를 깊이 생각하고, 또 그들의 성격을 공부함으로써 그들의 정서를 함께 공유한다. 그리고 그들의 영혼을 흡수함으로써, 그들의 과업을 물려받음으로써, 그들의 고통에 공감하고 그들의 성공과 승리에 즐거워함으로써, 우리는 우리 자신의 존재와 선조들의 존재를 함께 결합하면서 그들의 시대를 산다. 우리는 선조들의 동시대인이 되고, 그들이 산 삶을 살고, 그들이 인내한 것을 인내하고, 그들이 즐긴 보상을 함께 즐긴다. 〈대니얼 웹스터〉

두려움은 신념의 결여이다. 신념의 결여는 무지이다. 두려움은 오직 비전에 의해서만 극복될 수 있다.

세상에 눈을 주라. 그러면 세상은 그 눈으로 볼 것이다. 세상에 귀를 주라. 그러면 세상은 그 귀로 들을 것이다. 세상에 팔을 주라. 그러면 세상은 그것으로 행할 것이다.

사람에겐 시간과 공간이 필요하다. 사람에겐 흙과 햇빛과 비가 필요하다. 그리고 사람에겐 기회가 필요하다.

당신의 문과 창문을 모두 활짝 열어라. 모든 것이 자유롭게 들어왔다가 나가고 나갔다가 다시 들어오도록 해라. 심지어 악까지도. 악도 나갔다가 들어오고 들어왔다가 다시 나가도록 가만 두어라.

아무도 진실을 싫어하지 않는다. 그러나 대부분의 사람은 진실을 두려워한다.

진실한 말을 거짓말보다 더 쉽게 하도록 만들어라. 진실을 그 위조품보다 더 환영받도록 만들어라.

그러면 사람들은 더 이상 진실을 두려워하지 않을 것이

다. 두려워한다는 것은 곧 무지하다는 뜻이다. 무지하다는

것은 신념을 결여하고 있다는 뜻이다.

〈호레이스 트로벨〉

당신의 인생이 언젠가 종말을 맞게 된다는 사실을 두려

워하지 마라. 그보다는 당신의 인생에 시작이 결코 없는 것

이 아닌가 하고 두려워하라.　　　　〈존 헨리 뉴먼〉

대부분의 훌륭한 물건들이 노동에 의해 생산되므로, 당연히 그 모든 것들은 거기에 노동을 투입한 이들의 소유가 되어야 한다. 그러나 세계 어디를 가나 노동을 하지만 그 결실을 누리지 못하는 사람이 있고 노동은 하나도 하지 않으면서 노동의 결실 중 상당 부분을 챙기는 사람이 따로 있다.

이런 현상은 시공을 초월하여 나타났다. 이것은 잘못된 현상이며 계속되어서는 안 된다. 노동자들에게 노동의 결실을 최대한 많이 보장해주는 일이야말로 훌륭한 정부가 추구해 볼 가치가 충분한 목표이다.

〈에이브러햄 링컨〉

세상에는 어제 가치가 있었던 것과 똑같이 오늘도 살아볼 가치가 충분한 삶이 있다. 그것은 어떤 이상에 대한 헌신으로 깨끗이 정화된, 성실하고 유익하고 이타적인 삶이다.

세상에는 옛날에 가치가 있었던 것과 똑같이 지금도 싸울 가치가 있는 전투가 있다. 그것은 정의와 평등을 위한 전투이다. 우리의 도시와 국가를 명목상으로만 아니라 실질적으로 자유롭게 만들고, 진정한 자유를 옥죄었던 사슬을 끊은 다음에 그 사슬을 끊어진 상태 그대로 지켜나가고, 우리의 능력이 닿는 범위 안에서 국민의 삶의 원천들을 정치적·상업적·사회적 부패로부터 최대한 맑게 지키고, 우리의 아들과 딸들에게 훈계와 본보기로 가르치는 거야말로 최선의 삶을 추구하는 남녀들에게 가치 있는 일이다.

태생이 훌륭한 사람들은 이런 일을 하도록 태어난 사람이며, 행실이 좋은 사람들은 이런 일을 자랑스럽게 여기도록 배운 사람이며, 교육을 잘 받은 사람들은 이런 일의 의미와 필요성을 깊이 느끼는 사람이다.

그들의 수고는 결코 헛되지 않을 것이며, 그들의 희생에

대한 보상은 결코 그들을 실망시키지 않을 것이다. *왜냐하*

면 인간 운명의 창공 저 높은 곳에, 인류와 이타적인 용기

와 이상(理想)에 대한 헌신을 신뢰하는 별들이 반짝이고

있기 때문이다.　　　　　　　　　　　　〈헨리 반 다이크〉

인간에게 그들의 위대한 점을 보여주지 않고 짐승과 매우 비슷한 점만을 보여주는 것은 위험한 결과를 낳을 수 있다. 인간에게 그들의 연약함을 보여주지 않고 위대함만을 보여주는 것도 마찬가지로 위험하다. 그럼에도 불구하고, 인간이 이 두 가지 다를 모르도록 가만 내버려두는 것은 더더욱 위험한 일이다. 하지만 인간이 이 두 가지를 다 잘 알면 아주 유익할 것이다.　　　　　〈블레즈 파스칼〉

인간은 무지한데 비하여 거만하다. 인간의 타고난 성향은 자기중심적이다. 인간은 지식이 아직 유아 단계일 때에는 모든 창조가 자신을 위해 이뤄졌다고 생각했다. 그리고 오랜 세월 동안 인간은 대양의 물거품처럼 우주 공간에서 반짝이는 무수히 많은 세계들 가운데서 오직 작은 '촛불'들만을 보면서, 신이 인간에게 밤을 밝혀줄 목적으로 빛을 반짝이게 했다고 생각했다. 천문학이 인간의 허영으로 인해 생긴 이 망상을 바로잡아주었다. 그래서 지금은 인간은 별들이 자신들의 별보다 크거나 작은 세계들이라는 점을, 자신들이 모여 살고 있는 지구는 창조의 거대한 도표에서 하나의 점으로도 제대로 표시되지 않는다는 점을 불편한 마음으로 인정하고 있다.

그러나 작은 곳에도 큰 곳에서와 마찬가지로 신은 똑같이 생명을 아낌없이 베풀고 있다. 여행객이 나무를 올려다보며 나뭇가지들이 햇살 따가운 여름에 자신에게 그늘을 드리우기 위해 생겨났고 겨울에는 땔감으로 쓰도록 하기

위해 생겨났다는 착각에 빠진다. 그러나 창조주는 이들 나
뭇가지의 잎들 하나하나 안에도 하나의 세계를 만들어 놓
았다. 그 세계 안에는 무수히 많은 종류의 생물들이 우글거
리고 있다. 해자(垓字)의 물 한 방울도 마찬가지이다.

이 거대한 설계 안의 어디서나 과학은 새로운 생명을 밝
혀내고 있다. 생명은 그 설계 어디에나 퍼져 있는 원칙이며,
죽어 썩어가고 있는 것처럼 보이는 것까지도 새로운 생명
을 낳으며 새로운 형태의 물질로 바뀐다.

〈불워 리튼〉

타인들에 대한 신뢰가 부족한 사람은 일을 잘 할 절호의 기회를 놓치고, 따라서 자기 자신의 파워와 개성을 점진적으로 훼손하게 된다. 사람들은 우리를 평가할 때 우리가 타인을 신뢰하는 정도를 그 기준으로 삼는다. 그런데도 우리는 그런 사실을 제대로 깨닫지 못하고 있다. 그럼에도 우리는 다른 사람들로부터 그런 식으로 평가를 받고 있다.

사람들이 그런 식으로 다른 사람을 판단하는 것은 옳은 일이다. 여자나 사업이나 정치에 대해 냉소적인 사람은 여자나 사업이나 정치와 관련하여 비도덕적인 것으로 여겨진다. 무책임하다는 비난을 들으면서까지 타인들의 성실을 믿는 사람은 기본적으로 그 사람 본인이 선하여서 다른 사람의 선을 확신하는 것으로 여겨진다.

〈아서 트위닝 해들리〉

자유에 대한 정의를 내린다는 것은 곧 자유를 제한하는 것이다. 자유를 제한한다는 것은 곧 자유를 파괴하는 것이다.

〈브랜드 휘틀록〉

오늘의 유일한 귀족은 부(富)의 귀족이고, 내일의 유일한 귀족은 영원히 신성하고 유익할, 지성과 미덕의 귀족일 것이다. 그러나 신에게서 나온 모든 것들과 똑같이, 지성과 미덕의 귀족도 인민들 사이에서 나올 것이며 인민들을 위해 일할 것이다.

〈주세페 마치니〉

창의적인 목표를 추구하고 있는 사람에게 정직을 설교할 필요는 없다. 한 인간 존재가 자신의 영혼의 모든 에너지를 무엇인가의 제작에 쏟도록 내버려 두라. 그러면 장인정신(匠人精神)이 그의 정직을 보장할 것이다.

아무런 할 말이 없는 작가들은 매수하기에 딱 좋은 사람들이다. 다른 작가들은 매수하기에 너무 비싸다. 순수한 장인은 자신의 작품을 허투루 만들지 않는다. 그 이유는 의무 때문이 아니라 그의 열정이 그렇게 해서는 안 된다고 속삭이기 때문이다. 〈월터 리프만〉

도보 여행의 중요성이나 매력에 대해, 혹은 한 사람의 인간 존재로서 도보 여행의 기술을 배울 필요성에 대해 지나치게 과장하고 있다고는 생각하지 않는다. *사람들에게 여가의 의미를 가르치고, 사람들이 드넓은 대기의 매력을 알도록 하고, 인간과 흙의 연결을 피부로 느끼도록 한다면, 나는 국민들의 태도가 많이 부드러워질 것이라고 생각한다.*

어느 누구도 도보 여행자보다 더 부드럽고 더 애정 어린 시선으로 이 세상을 보지 못한다. 어느 누구도 자신이 지나는 시골에서 도보 여행자보다 더 많은 것을 받거나 주지 못한다. 들판에서 땀 흘려 일하는 농부 다음으로 도보 여행자는 흙과 깊은 관계를 맺는다. 도보 여행자는 자연과 더욱 밀접하고 더욱 생생한 관계를 맺는다. 왜냐하면 그 사람은 보다 자유로우며 따라서 그의 마음도 보다 여유롭기 때문이다.

사람은 자신의 발에 뿌리를 내리는데, 자신의 집 안에 있거나 탈것을 타고 있을 때에는 기껏해야 화분에 심어진 식물에 불과하다. 그러다가 그 사람이 흙을 자신의 발바닥으로 지극

히 사랑하는 마음으로 밟음으로써 흙과 소통을 하게 될 때, 그
와 흙 사이에 확고한 연결이 이뤄진다. 그러면 눈에 보이지 않
는 그 사람의 잔뿌리들을 통해서 그의 개성이 흙의 향기를 풍
기기 시작할 것이다.

당신이 여름과 겨울에 걸었던 큰길과 오솔길들, 그리
고 당신이 감사하는 마음으로 바라보았던 초원과 언덕들
……. 그런 것들이 당신의 마음에 신선한 생각을 떠올리게
하거나 어떤 고귀한 관점을 당신 앞에 펼쳐 보인다. 특히
당신이 친구와 달콤한 대화를 나누며 걷다가 나무 밑에 앉아
휴식도 취하고 샘가에서 물을 마시곤 했던 그 고요한 길들은
그날 이후로는 옛날의 그 길이 더 이상 아니다. 거기엔 새로
운 매력이 더해졌다. 거기선 그런 아름다운 생각들이 영원히
솟아나고 있으며, 당신의 친구는 영원히 그곳을 걷고 있다.

〈존 버로우스〉

나는 전쟁은 타협으로 해결할 것이다. 나는 영광을 놓고
도 타협할 것이다. 증오가 개입하는 그 시점에, 불행이 끼어
드는 그 시점에, 사랑이 사랑이 아니려 하는 그 시점에, 생
명이 칠흑 같은 죽음의 계곡으로 미끄러져 들어가려는 그
시점에 나는 모든 것을 타협할 것이다.

그러나 나는 진실에 대해서는 절대로 타협하지 않을 것
이다. 또한 권리에 대해서도 절대로 타협하지 않을 것이다.

〈헨리 와터슨〉

나는 혼자 있기를 좋아한다. 아직까지 나는 고독만큼
편한 동행을 알지 못한다.　　　　〈헨리 데이비드 소로〉

호수는 풍경 중에서 가장 아름답고 가장 표현력이 강하다. 호수는 대지의 눈이다. 그 깊은 속을 들여다보면서 사람들은 자기 자신의 성격의 깊이를 재어본다.

호숫가에 서 있는 나무들은 호수를 에워싸고 있는 가느다란 속눈썹이고, 나무가 무성한 언덕과 주변의 절벽들은 호수 위에 걸린 이마이다.　　　　〈헨리 데이비드 소로〉

한 해 한 해 살아갈수록 나의 마음은 세상의 아름다움과 경이에 더 오래 머물게 된다. 그러나 경이와 감탄 중 어느 감정이 먼저인지는 잘 모르겠다.　　　　〈존 버로우스〉

남자는 아직 최고의 상태에 이르지 않았다. *아니, 여자와 나란히 손을 잡고 위를 향해 걸어가지 않고는 어쩌면 남자는 정점에 결코 도달하지 못할 것이다.*

플라톤이 말하기를, 따로 놀 때의 남자와 여자는 단순히 인류의 반에 지나지 않으며, 한쪽이 최고의 개성을 얻기 위해서는 다른 쪽의 자질을 필요로 한다고 했다. 그의 말이 옳다.

셰익스피어가 가장 고귀한 신분의 여자들을 남자만큼 강한 존재로 그리고 가장 멋진 남자들을 여자들만큼 부드러운 존재로 그렸을 때, 그는 플라톤의 말을 충분히 이해하고 있었다. 그런데도 모든 남자들에게 생명을 주었던 그 젖가슴과 손들이 경멸당하고 있다. 그 이유는 곧잘 망각하는 남자의 야수성이 힘을 자랑하며 자신을 세상에 탄생시킨 그 존재까지도 자신에게 종속시키고 있기 때문이다. 〈유진 V. 뎁스〉

인생은 하나의 미완성 작품이며, 두 개의 영원 사이의 한 순간에 지나지 않는다. 그러면서도 나보다 앞섰던 모든 존재들의 영향을 받으며, 또 나보다 뒤에 올 모든 존재들에게 영향을 미치게 된다. 인생을 알차게 가꾸는 유일한 길은 시야를 넓히는 것뿐이다.　　　　　　　〈윌리엄 엘러리 채닝〉

인생이란 아주 섬세하여서 곧잘 상처를 입는다. 인생의 길엔 그 길을 벗어나게 만들 일이 언제든 벌어진다. 모든 것이 괴로움의 원인이다. 헛된 괴로움들이다. 아주 작고 사소한 방해가 더없이 큰 괴로움의 씨앗이 된다. 작은 글자가 쉬이 눈을 피로하게 만들듯 사소한 일들이 우리를 가장 심하게 괴롭힌다.　　　　　　　〈미셸 드 몽테뉴〉

큰 횡재를 하여 삶의 조건이 전보다 월등히 나아진 어떤 사람이 있다고 가정하자.

이 사람은 가장 친한 친구들이 전하는 축하의 말에도 진실성이 조금도 담겨 있지 않다는 사실을 깨달을 것이다. 설령 이 벼락부자가 대단한 능력을 지니고 있다 할지라도 주변의 사람들은 대체로 그를 달가운 시선으로 바라보지 않는다. 시기심 때문에 사람들이 그의 기쁨에 진정으로 공감하지 못하는 것이다. 이 벼락부자가 분별력 있는 사람이라면, 그는 그런 분위기를 느낄 수 있을 것이다. 그러면 그 사람은 큰 행운에 자연스레 따르는 흥분을 누르려 할 것이다.

예전의 검소한 옷을 그대로 입을 것이고 행동도 예전과 똑같이 겸손하게 할 것이다. 또 옛 친구들에 대한 관심을 배로 키울 것이고, 공손하게 처신하고 부지런히 사는 모습을 보이려고 애를 쓸 것이다. 사람들이 옛날보다 조건이 크게 나아진 그에게 기대하는 행동도 바로 이런 것이다. 그러나 이런 식으로 세심하게 노력함에도 불구하고, 이 벼락

부자가 성공할 가능성은 거의 없다. 우리도 그 사람의 겸손의 진실성을 의심하고, 그도 이런 식의 억제에 점점 지쳐갈 것이기 때문이다.　　　　　　　　　　　　〈애덤 스미스〉

돈을 벌겠다는 일념으로 시작하는 사람은 성공을 거두지 못할 것이다. 그보다 훨씬 더 큰 야망을 품어야 한다. *사업의 성공에 비결 같은 것은 절대로 없다.* 하루하루 임무를 성공적으로 수행하고, 법의 범위를 충실히 지키고, 머리를 언제나 맑게 지켜나간다면, 당신은 당연히 좋은 결과를 얻게 될 것이다.　　　　　　　　　　　　〈존 D. 록펠러〉

신학을 제외한다면, 음악이 마음의 평화와 즐거움을 주는 유일한 예술이다. 음악은 신학 공부가 불러일으키는 그런 평화와 즐거움을 안겨준다. 슬픈 불안과 무수한 문제를 낳는 악마가 신의 말씀 앞에서와 마찬가지로 음악 소리 앞에서도 달아난다는 사실이 이를 증명하고 있다. 예언자들이 다른 예술보다 특히 음악을 좋아하면서 찬송가와 성가로 말씀을 전하는 이유도 바로 거기에 있다.

성령으로 충만한 나의 가슴도 간혹 슬프거나 지칠 때 음악을 통해 위안을 얻고 다시 새로워진다.

〈마틴 루터〉

죽음을 맞았을 때, 당신의 장의사까지도 슬퍼할 그런 존재로 살도록 노력하라.　　　　〈마크 트웨인〉

구분하지도 말고, 따지지도 말고, 지체하지도 말고, 그
냥 사랑하라. 사랑을 베풀기 쉬운 가난한 사람들에게도 사
랑을 아낌없이 쏟아라. 특히 사랑을 가장 절실히 필요로 하
는 부자들에게도 사랑을 아낌없이 쏟도록 하라. 무엇보다
도, 사랑을 베풀기가 참으로 어렵고 또 서로 무관심하기 쉬
운 존재인 우리와 동등한 사람들에게도 사랑을 아낌없이
쏟도록 하라.　　　　　　　　　　　〈헨리 드럼몬드〉

어떤 일이 주어지면 대부분의 사람들은 정성을 제대로
쏟지 않고서는 핑계부터 찾으려 든다. 만일 사람들이 핑계
를 찾는 노력을 일의 처리에 쏟는다면, 분명 그 일은 훨씬
더 멋지게 처리될 것이다.　　　　　　〈조지 W. 밸링거〉

미래를 추방하라. 오직 지금 이 시간과 이 시간에 주어진 일을 위해 살아라.

얼마나 많은 것을 성취할 것인지에 대해서도 생각하지 마라. 극복해야 할 어려움들에 대해서도 생각하지 마라.

당신 가까이에 있는 작은 일에 성실하게 임하라. 하루하루에 충실한 것만으로도 충분하다. 왜냐하면 우리의 의무는 "멀리 희미하게 나타나고 있는 것을 눈으로 보는 것이 아니고 우리 가까이 분명하게 놓여 있는 것을 행동으로 하는 것"이기 때문이다. 〈윌리엄 오슬러〉

행복은 우리들의 난롯가에서 자라나는 꽃이다. 이방인의 정원에선 절대로 꺾을 수 없는 꽃이다.

〈더글라스 제롤드〉

당신의 개인성을 단념하고, 다른 사람의 눈으로 보고, 다른 사람의 귀로 듣고, 둘이면서도 하나가 되고, 두 사람이 융해되고 합쳐져 더 이상 내가 누구이고 당신이 누구인지 모르게 되고, 끊임없이 흡수함과 동시에 발산하고, 땅과 바다와 하늘과 그 안의 모든 것들을 단 하나의 존재로 담아내고, 그 존재에게 당신 자신을 온전히 바치고 언제라도 희생할 준비를 갖추는 것, 그것이 사랑이라네.

〈테오필 고티에〉

열정은 유일하게 언제나 설득력을 발휘하는 웅변가이다. 말하자면 열정은 자연스런 기술이며, 열정의 법칙은 오류를 모른다. 더없이 단순하지만 열정이 있는 사람의 설득력이 언변은 아주 유창한데도 열정이 없는 사람의 설득력보다 훨씬 더 강하다. 〈프랑수아 드 라로슈푸코〉

모든 사람들이 인생의 상당 부분을 천재성을 발휘할 재료를 수집하는 데 쏟고 있는 것이 확실하다. **발명이란 것도 엄격히 말하면 그 전에 이미 모아져 기억 속에 담겨 있던 이미지들을 새롭게 결합하는 것에 지나지 않는다.** 무(無)에서는 아무것도 나오지 못한다. 재료를 하나도 쌓아두지 않은 사람은 그러한 결합을 전혀 만들어내지 못한다. 그러므로 우수한 사람들의 연구에 대해 아는 것이 많을수록 무언가를 발명해낼 능력 또한 그만큼 더 커진다. 역설적으로 들릴지 모르지만, 당신의 생각도 그만큼 더 독창적으로 보일 것이다.　　　　　　　　　　　　　　　〈조슈아 레이놀즈〉

표현의 자유 없이는 진리 탐구가 불가능하다. 표현의 자유 없이는 어떠한 진리의 발견도 소용이 없다. 표현의 자유가 없으면 발전에 제약이 따르게 되며 국가도 미래가 인간들에게 약속하는 고귀한 삶을 추구하는 쪽으로 더 이상 나아가지 못한다. *표현의 자유를 부정하는 것보다 표현의 자유를 남용하는 것이 몇 백배 더 낫다.* 표현의 자유의 남용에 따른 부작용은 하루만 지나면 사라질 수 있지만, 표현의 자유에 대한 부정은 국민의 삶을 말살하고 인간의 희망을 매장하는 것이다.

〈찰스 브래들로〉

살면 살수록, 우리가 베풀지 않은 사랑과 발휘하지 않은 능력, 위험을 감수하지 않으려는 이기적 조심성이 곧 인생의 낭비라는 확신이 더욱 커진다. 이 중에서 이기적 조심성의 경우에는 고통을 피하게 해 주는 한편으로 행복을 놓치도록 만든다. 종국적으로 본다면, 일생동안 "모든 고삐들을 최대한으로 늘여보지 않은" 사람보다 더 불행한 사람은 없을 것이다.

〈메리 콜몬델리〉

교회는 지구가 평평하다고 말한다. 그러나 나는 지구가 둥글다는 것을 안다. 왜냐하면 내가 달의 그림자를 보았기 때문이다. 나는 교회보다 그림자를 더 신뢰한다.

〈페르디난드 마젤란〉

매일 아침 잠자리에서 일어날 때마다 좋든 싫든 당신에게 뭔가 할 일이 있다는 사실에 대해 감사하라. 강제적으로라도 일을 하고 최선을 다하다 보면, 당신의 내면에 중용과 자제력, 근면, 의지, 만족 등 수많은 미덕이 생겨나게 된다. 이 모든 것들은 게으른 자들은 결코 알 수 없는 덕목들이다.

〈찰스 킹슬리〉

에이브러햄 링컨은 가난하고 미천한 사람에게도 부유하고 가문이 좋은 사람과 똑같이 정의롭고 관대하게 대했다. 이것은 정치인들 사이에선 아주 드문 일이다.

〈존 헤이〉

현대 문명은 물리과학에 크게 의존하고 있다. 왜냐하면 지성과 도덕적 힘을 야만의 힘보다 더 강하게 만드는 것이 물리과학이기 때문이다.

현대의 사고는 과학에 흠뻑 젖어 있다. 과학은 최고 시인의 작품에도 스며들었으며, 과학을 무시하고 경멸하던 학자들까지도 자신도 모르게 과학의 정신에 고취되어 과학적인 방법으로 명저들을 내놓고 있다.

과학은 지금 세상을 향해 최고법원은 권위가 아니라 관찰과 경험이라고 외치고 있다. 과학은 불변의 도덕적 법칙과 물리적 법칙들의 존재에 대한 확고한 믿음을 불러일으키고 있다. 바로 이 도덕적 법칙과 물리적 법칙을 완벽하게 따르는 것이 지적인 존재의 최고 목표이다.

〈올더스 레너드 헉슬리〉

지혜에 이르는 길에는 지름길도 없고 평탄한 길도 없다.
수 세기 동안 무수한 발명이 이뤄졌음에도 불구하고, 영혼의
길은 여전히 가시투성이 황무지를 통과하고 있다. 그 옛날의
사람들이 그랬듯이, 그 길 위에서는 지금도 누구나 피가 흐
르는 두 발로 간청의 눈물을 흘리며 고독하게 터벅터벅 걸
어야 한다.　　　　　　　　　　　　　　　　〈조지 엘리엇〉

인류가 향상을 꾀하며 벌인 시도들의 역사에 매우 두드
러진 사실이 한 가지 있다. 그것은 바로 강제력이 동원될 때
에는 분개만 불러일으킬 뿐이며 목적은 절대로 성취되지
않는다는 것이다. 어떤 운동이든 도덕적 설득과 인간의 이
성에 대한 호소를 통해서만 성공을 거둘 수 있다.

〈새뮤얼 곰퍼스〉

우리는 성장하면서 가난을 두려워하라고 배운다. 자신의 내면적 삶을 구원하기 위해 삶을 단순화하고 가난을 선택하는 사람이 있으면 우리는 그 사람을 예외 없이 경멸하게 된다.

우리는 고대의 사람들이 가난을 이상화한 것이 진정 무슨 의미였는지를 상상해보는 능력마저도 잃어버렸다. 물질적 애착으로부터의 해방, 구속받지 않는 영혼, 고결한 무욕, 소유물이 아니라 인간됨됨이를 바탕으로 빚지지 않고 살아가는 삶의 방식, 어느 순간에라도 삶을 놓아버릴 권리 ……. 이런 것들이 가난을 이상화한 진정한 의미라는 생각은 상상에도 떠오르지 않는다. 지식인들 사이에 가난에 대한 두려움이 팽배한 현상이 이 시대 최악의 도덕적 질병이며, 우리의 문명은 이 질병 때문에 고통 받고 있는 것이 확실하다.

〈윌리엄 제임스〉

우리 모두는 자신의 운명을 자신의 손으로 직접 엮어나가고 있다. 한번 엮고 나면 좋든 싫든 절대로 풀 수 없는 것이 우리의 운명이다. 아주 자그마한 미덕이나 악덕도 절대로 지워지지 않는 흔적을 반드시 남긴다.

조지 제퍼슨(George Jefferson)이 연기한 술주정뱅이 립 밴 링클은 잘못을 저지를 때마다 "한번만 봐줘!"라는 말로 용서를 구한다. 그렇다. 그는 자신의 결점을 봐줄 수 있을 것이다. 친절한 하늘도 그것을 못 본 척할 것이다. 그럼에도 불구하고 그 잘못은 반드시 기록되고 있다. 그의 신경세포와 섬유조직 깊은 곳의 분자들은 다음번에 유혹이 있을 때 그에게 해롭게 다시 사용하기 위해 그 잘못을 세어서 등록하고 저장해둘 것이다. 과학적 의미에서 엄격히 보면, 우리가 하는 행위들 중에서 지워지는 것은 하나도 없다.

물론 이런 사실에는 나쁜 측면만 있는 것이 아니라 좋은 측면도 있다. 술을 마시는 횟수가 자꾸 늘어나다 보면 주정뱅이가 되는 것과 똑같이, 어떤 행위나 일을 자주 하다 보면 나중에 도덕적으로 군자가 될 수도 있고 과학의 영역에서 권위자와 전문가가 될 수도 있다. 어떠한 젊은이도 자신의 교육의 결과를 놓고 불안해할 필요가 없다. *어떤 사람이 매 시간 충실하게 할 바를 다했다면, 그 사람은 아무 걱정없이 최종 결과를 순순히 받아들이기만 하면 된다.* 그러면 진출하는 분야가 어디든, 그는 거기서 발군의 실력을 발휘하게 되고 자신의 세대 중에서 유능한 인물로 꼽힐 것이다. 젊은 이들은 이 진리를 일찍부터 깨달아야 한다. 그래야만 인생을 알차게 살 수 있다.　　　　　　　　　〈윌리엄 제임스〉

사자(死者)들의 민주주의에서 모든 사람들은 마침내 평등해진다. 죽음의 공화국에는 서열도 없고 지위도 없고 특권도 없다. *죽음의 문턱에서 철학자들은 더 이상 지혜롭지 않고, 시인의 노래는 침묵한다. 부자들은 그 많은 돈을 포기하고, 거지는 넝마를 벗는다. 가난한 자도 부자만큼 부유하고, 부자도 가난한 자만큼 가난하다.*

채권자는 많은 이자를 잃고, 채무자는 빚에서 해방된다. 그곳에서 자존심 강한 사람은 품위를 벗어놓고, 정치인은 명예를 내려놓고, 속물은 쾌락을 잃는다. 병약한 사람도 의사가 필요없고, 노동자도 노역에서 놓여난다.

여기서 평등에 대한 자연의 마지막 법이 마침내 집행된다. 시대의 잘못들이 바로잡아진다. 불공정에 대한 속죄가 이뤄지고, 운명의 여신이 더 이상 장난을 치지 못한다. 삶을 비극으로 만들었던 부와 명예와 능력과 쾌락과 기회의 불공평한 분배가 죽음의 영역에선 더 이상 없다.

이곳에선 아무리 힘이 센 자도 지배력을 전혀 갖지 못하

며, 아무리 약한 자일지라도 방어가 전혀 필요하지 않다. 가
장 막강한 지휘관도 승자와 패자를 동시에 무장해제 시켜
버리는 그 무적의 적에게 무릎을 꿇는다.

〈존 J. 인걸스〉

친구를 잘 사귀는 재능을 가진 사람은 분명 축복받은 사
람이다. 왜냐하면 그 재능이야말로 신이 내린 최고의 선물
중 하나이기 때문이다.

친구를 사귀는 데는 많은 것이 요구된다. *그러나 무엇
보다도 자기 자신의 자아의 껍질을 깨뜨릴 줄 알고 또 다른
사람의 내면에서 발견되는 고귀하고 사랑스런 것을 제대로
평가할 줄 아는 능력을 갖춰야 한다.*　　　〈토머스 휴즈〉

102

침묵에는 세 가지 종류가 있다. 말을 삼가는 침묵은 바람직하다. 왜냐하면 부적절한 말은 곧잘 남을 해치기 때문이다. 욕망이나 격정을 자제하는 침묵은 더욱 바람직하다. 왜냐하면 그런 침묵은 정신을 맑히기 때문이다. *그러나 가장 좋은 침묵은 불필요한 생각을 삼가는 침묵이다.* 왜냐하면 그런 침묵이야말로 기억을 상기하는 데 반드시 필요하고 또 다른 차원의 자제와 침묵의 토대가 되기 때문이다.

〈잔느 구욘〉

기억해야 할 것이 12가지가 있다. *시간의 가치, 인내의 성공, 일의 즐거움, 소박함의 품격, 개성의 가치, 친절의 힘, 본보기의 영향력, 의무의 구속력, 경제의 지혜, 참을성의 미덕, 재능의 향상, 독창력의 기쁨이 그것들이다.*

〈마셜 필드〉

아무도 사랑의 본질을 이해하지 못한다. 그것은 하늘에서 이상한 언어로 노래를 부르는 새와도 같다. 그것은 우리들에게 가벼이 내려앉는다. 그것이 어디서 오는지 우리는 알지 못한다. 또 그것이 언제 어떻게 가는지도 알지 못한다.

그렇다면 우리는 사랑을 하지 않는 생명체는 불이 켜지지 않은 등(燈)과 비슷하다고 말할 수 있을까? 저기 등이 하나 있다. 그런데 아직 아무도 그것을 필요로 하지 않는다. 그러나 등에 불을 붙여보아라. 그러면 그 등은 몸을 떨면서 빛을 발하며 그 방의 중심이 될 것이다. *등의 불빛이 미치는 범위 안의 모든 것은 새롭게 빛을 발한다. 그렇듯 새로 사랑하게 된 사람도 자연의 모든 것들을 아주 새로운 눈으로 보게 된다.*

아니면 가뭄에 타들어가고 있는 어떤 식물의 이미지를 떠올려보라. 쨍쨍 내리쬐는 햇빛이 식물을 바싹 태우고 있다. 뿌리는 날이 갈수록 더욱 단단해지기만 하며 말라가는 땅 속에서 수분을 찾느라 이리저리 더듬고 있다. 그 식물은 말라 비틀어져 머리를 떨어뜨리고 있다. 하얗게 비쩍 말라 금방이라도 죽을 듯하다. 바로 그때 빗방울이 떨어지며 밀어를 속삭인다. 빗방울 하나하나는 생생하게 살아 있는 더없이 순수한 존재이다. 생명에 반드시 필요한 정수(精髓)이다. 그 세례식에서 식물은 몸을 곧추 세우고 물을 마시며 생기를 되찾는다. 밤이 되면 식물은 힘을 다시 얻고, 아침이면 아름다운 꽃을 피운다.

나는 고된 삶과 과도한 격정 때문에 힘들어하는 어떤 사람을 알고 있다. 나는 그 사람에게도 사랑이 다가오는 것을, 사랑이 그를 말쑥하게 바꿔놓고 혼자 힘으로 우뚝 서도록 하는 것을 똑똑히 보았다. 그에게서 색깔과 광휘가 홍수처럼 터져 나왔고, 그의 창의적인 작업은 지금 수천 명의 사람들을 뜨겁게 자극하고 있다.

또 다른 이미지를 떠올린다면, 어둠이 깔렸는데도 사람이 없어서 아직 불이 켜지지 않은 집은 어떨까? 창문들은 컴컴하고, 문은 닫혀 있다. 신선한 바람은 그 집을 스쳐 지나칠 뿐 들어갈 틈을 찾지 못하고 있다. 집 안에는 하루 종일 간혀 있던 무거운 공기가 나른하게 졸고 있다. 그 공기는 바깥세상의 바람과 만나기를 간절히 원하고 있다. 그때 부인이 열쇠를 들고 온다. 그녀가 집 안으로 들어선다. 창문이 활짝 열리고 갇혀 있던 공기가 서둘러 빠져나가고 신선한 바람이 들어온다. 등불이 켜진다. 불빛이 창문과 문을 가득 채운다. 저녁식사 준비가 끝난다. 그때 발자국 소리가 들려온다. 이제 발자국 소리가 더 많이 들려온다. 그 집은 다시 빛으로 반짝이며 살아 꿈틀거린다.   〈그레이스 라이스〉

어떤 것을 수용할 것인지 말 것인지를 결정할 때, 그때 진정한 기준은 거기에 악의 요소가 있는지 여부가 아니라 악의 요소보다 선의 요소가 더 많은지 여부가 될 것이다. *이 세상에는 나쁘기만 한 것도 거의 없고 좋기만 한 것도 거의 없다.* 거의 모든 것에는, 특히 거의 모든 정부 정책에는 나쁜 요소와 좋은 요소가 함께 섞여 있다. 나쁜 요소와 좋은 요소는 결코 떼어놓을 수 없다. 그렇기 때문에 악의 요소와 선의 요소 중 어느 것이 더 큰지에 대해 끊임없이 현명하게 판단할 필요가 있다. 〈에이브러햄 링컨〉

꽃도 인간이나 동물 못지않은 표현력을 갖고 있다. 어떤 꽃은 미소를 짓는 것 같고, 어떤 꽃은 슬픈 표정을 짓는 것 같다. 또 어떤 꽃은 힘겨워하며 생각에 잠긴 듯하고, 접시꽃과 둥글넓적한 얼굴의 해바라기 같은 꽃은 소박하고 정직하고 솔직해 보인다.　　　　　　　　〈헨리 워드 비처〉

지난 50년 동안 일어난 거의 모든 정치적 논쟁에서, 유한계급과 지식인계급, 부자계급, 귀족계급이 틀렸다. 서민들, 그러니까 노동자들과 '상식이 없다던' 보통 사람들이 오늘날 세계가 받아들이고 있는 사회개혁 조치들 거의 모두를 일궈냈다.　　　　　　〈윌리엄 유어트 글래드스톤〉

나라는 존재가 세상에 어떻게 비칠 것인지에 대해서는 잘 모르겠다. 그러나 나 자신에게는 내가 마치 해변에서 놀고 있는 소년처럼 보인다.

진리의 대양이 아직 아무것도 발견되지 않은 채 내 앞에 광활하게 펼쳐진 가운데, 나는 소년처럼 놀면서 이따금 예쁜 작은 돌이나 조개껍질을 찾으려 주의를 딴 곳으로 돌리고 있는 것 같다.　　　　　　　　　　〈아이작 뉴턴〉

법은 선한 사람을 위해 만들어지는 것이 아니다.

〈소크라테스〉

지금으로부터 87년 전에, 우리 조상들은 이 대륙에 새로운 국가를, 자유 속에서 잉태되었고 또 모든 사람은 평등하게 태어난다는 명제에 봉헌된 새로운 국가를 세웠습니다. 지금 우리는 그 국가, 아니 그런 식으로 잉태되어 그런 대의에 바쳐진 어떤 국가라도 오랫동안 이어질 수 있는지를 시험하면서 중대한 내전을 치르고 있습니다. 우리는 지금 이 전쟁의 한 위대한 전장(戰場)에서 만나고 있습니다. 우리는 이 나라를 살리기 위해 이곳에서 목숨을 바친 이들에게 마지막 휴식의 터로 이 전장의 일부를 봉헌하기 위해 이곳에 왔습니다. 그들에게 이곳을 봉헌하는 것은 아주 적절한 조치입니다. 그러나 보다 큰 차원에서 본다면, 우리는 이 땅을 봉헌할 수도 없고 바칠 수도 없으며 거룩하게 할 수도 없습니다. 이곳에서 전투를 벌인 용감한 전사자나 생존자들이 이미 우리의 빈약한 능력 그 이상으로 이곳을 신성하게 만들어놓았습니다. *세상은 오늘 여기서 우리가 하는 말에는 별로 주목하지도 않고 오래 기억하지도 않을 것입*

니다. 그러나 그들이 이곳에서 이룩한 업적은 절대로 잊지 않을 것입니다. 그들이 싸워서 고결하게 전진시켰지만 미완으로 남긴 일의 수행에 봉헌되어야 하는 것은 오히려 살아 있는 우리들입니다. 우리들에게 남은 일은 명예로이 죽은 이들의 뜻을 받들어, 그분들이 마지막 모든 것을 바쳐 헌신한 그 대의에 더욱 헌신하는 것입니다. 그것은 그분들의 죽음이 헛되지 않도록 하고, 신의 가호 아래 이 땅에 새로운 자유를 탄생시키고, 그리고 국민의, 국민에 의한, 국민을 위한 정부가 지구상에서 사라지지 않도록 하는 것입니다.

〈에이브러햄 링컨〉

행복할 줄 모르는 사람은 행복이 무엇인지 전혀 알지 못한다. 무관심과 열정만을 오가는 야생의 동물들은 행복을 모른다. 행복하기 위해서, 아니 행복에 대해 생각해보기 위해서도 당신은 이성적이어야 하거나 니체가 더 좋아할 표현을 빌리면 길들여져야 한다.

당신은 당신의 힘을 재보았고, 당신의 열정의 열매를 맛보았고, 이 세상에서 당신의 위치가 어디인지를 배웠고, 또 이 세상 안에 있는 것들 중에서 당신에게 진정으로 이로운 것이 어떤 것인지를 알게 되었음에 틀림없다. 행복하기 위해서 당신은 현명해야 한다. 이 행복이 간혹 본능적으로 발견되며, 그러면 아무리 무례한 광신자라 하더라도 이 행복이 정말 사랑스럽다는 사실을 깨닫게 된다.

그러나 행복이 이성적인 사람들이 절대로 겪지 않을 어떤 경험을 통해 무엇인가를 배우는 데서 비롯되는 경우도 간혹 있다. 또 행복이 자제와 금욕을 수반하는 경우도 간혹 있다. 그러나 행복에 이처럼 고결한 면이 가미된다고 해서

그 달콤함이 결코 덜하지 않다. 행복의 영혼은 여전히 건

강하고 유익하다.   〈조지 산타야나〉

모든 사람들이 땅을 평등하게 사용할 권리를 누려야 하

는 것은 그들이 공기를 평등하게 들이킬 권리를 갖는 것만

큼이나 분명하다. 땅을 평등하게 사용할 권리는 그들이 이

세상에 존재한다는 사실만으로도 보장되어야 하는 권리이

다. 왜냐하면 누구는 이 세상에서 살 권리를 갖고 누구는 그

런 권리를 갖지 않는 것이 아니기 때문이다.

                                〈헨리 조지〉

성경은 가난한 사람들과 억압받는 사람들의 '마그나 카르타'(대헌장)가 되어 주었다. 현대까지 내려오면서, 어느 나라도 국민의 이익을 성경만큼 폭넓게 고려한 헌법을 갖지 못했다. 성경에는 통치자들의 의무가 통치자들의 특권보다 훨씬 더 많이 강조되고 있다. '신명기'와 '레위기'에 담긴 이스라엘에 관한 내용이 그런 예일 것이다. 국가의 안녕은 종국적으로 시민의 정직에 좌우된다는 진리를 성경만큼 강하게 담고 있는 기록은 없다. *성경은 이 세상에서 가장 민주적인 책이다.* 〈올더스 레너드 헉슬리〉

오늘 우리가 옳은 일을 하느냐 그른 일을 하느냐에 따라
우리 모두의 운명이 영원히 바뀐다.

〈제임스 프리먼 클라크〉

세상은 거울과 같아서 모든 사람들에게 그들의 얼굴을
비춰준다. *세상을 향해 얼굴을 찌푸려 보라. 그러면 세상은
당신을 험상궂게 바라볼 것이다.* 세상을 향해 웃음을 지어
보이며 세상과 하나가 되어 보아라. 그러면 세상은 유쾌하
고 친절한 동행이 되어줄 것이다.

〈윌리엄 메이크피스 새커리〉

사람의 파워는 한 방향으로 매진함으로 인해 점진적으로 커져간다. 그 사람은 외부의 저항에도 익숙해지고 자신의 도구에도 익숙해진다. 그러면서 기술과 힘을 키우고 호의적인 순간들과 호의적인 사건들을 배운다. 그는 자기 자신의 도제(徒弟)이며, 세월이 그에게 파워를 많이 안겨준다. 낙하하는 물체가 낙하거리에 따라 가속도가 붙는 것과 똑같다.　　　　　　　　　　　　　　　　〈랄프 왈도 에머슨〉

신의 창조물인 인간을 보다 알차고 보다 훌륭하고 보다 신의 주목을 많이 끌 존재로 만드는 것은 위대한 일이다. 몇몇 인간의 가슴을 조금 더 현명하고, 조금 더 행복하고, 조금 더 고결하게 만드는 것은, 말하자면 축복을 더 많이 받게 하고 저주를 더 적게 받게 하는 것은 위대한 일이다. 이것보다 더 위대한 것은 없다.　　　　　　　　　　　　〈토머스 칼라일〉

시간이 가장 소중하다면, 시간을 허비하는 거야말로 최대의 낭비임에 틀림없다. 왜냐하면 한번 흘러가버린 시간은 절대로 다시 돌아오지 않기 때문이다. 그리고 시간이 충분할 것 같은데도 언제나 보면 시간이 모자라는 것으로 드러난다. 그러니 지금 당장 일어나서 일을 하도록 하자. 어떤 목적을 좇아서 일을 하도록 하자. 부지런하게 노력하면 난처한 상황에 덜 처하면서 더 많은 일을 하게 될 것이다.

〈벤저민 프랭클린〉

한쪽 성(性)이 다른 성보다 우월하다고 말하는 우리는 참 바보다. 틀림없이 바보다. 남자와 여자를 서로 비슷한 물건인 양 비교할 수 있다고 생각하고 있으니 말이다. 한 쪽은 다른 쪽이 갖지 못한 것을 갖고 있다. 각각은 다른 쪽을 완성시킨다. 남자와 여자 사이에는 비슷한 것이 전혀 없다. 둘의 행복과 완벽은 한쪽이 다른 쪽에게 부탁하여 그들만

이 줄 수 있는 것을 받는지 여부에 달려 있다. 〈존 러스킨〉

용기와 인내는 마법의 부적을 갖고 있다. 용기와 인내 앞에서는 곤경이 꼬리를 감추고 장애물은 허공으로 사라진다.　　　　　　　　　　　　　　　　〈존 퀸시 애덤스〉

돈과 돈이 살 수 있는 것들을 소유하는 것은 좋은 일이다. 그러나 돈이 살 수 없는 것들을 잃어버리지는 않았는지, 이따금 점검하는 것 역시 좋은 일이다.

　　　　　　　　　　　　　　　〈조지 호레이스 로리머〉

이성은 우리의 사고를 별들의 높이만큼이나 높이고 또 우리를 강력한 구조를 가진 거대한 우주로 안내한다. 그럼에도 이성은 우리의 육체적 존재의 진정한 본질까지는 미치지 못한다.

〈새뮤얼 존슨〉

왕이든 농부든, 자신의 가정에서 행복을 발견하는 사람이야말로 가장 행복한 사람이다.

〈요한 볼프강 폰 괴테〉

세상에는 두 부류의 사람들이 있다. 건강과 부와 삶의 안락을 비슷하게 누리는데도 한 부류는 행복해하고 다른 한 부류는 불행해한다. 이렇게 정반대로 갈리는 이유는 사물과 사람과 사건을 보는 관점에 있다. 이 관점의 차이가 그들의 마음에 영향을 미친 결과 한 부류는 행복해지고 다른 한 부류는 불행해지는 것이다.

어떠한 상황에 처하든 거기서 편안을 느끼는 사람이 있는가 하면 불편을 느끼는 사람이 있다. 어떠한 사람들과 동행을 하든 그 사람들과의 대화가 즐거웠다고 느끼는 사람이 있는가 하면 즐겁지 않았다고 느끼는 사람이 있다. 어떠한 식탁에서든 그곳의 고기와 음료가 맛있다고 느끼는 사람이 있는가 하면 맛이 없다고 느끼는 사람이 있다. 어떠한 기후에서든 그곳의 날씨가 좋다고 느끼는 사람이 있는가 하면 그렇지 않다고 느끼는 사람이 있다. 어떤 정부든 거기에는 법이 좋다고 느끼는 사람이 있는가 하면 법이 나쁘다고 느끼는 사람이 있으며 또 법의 집행이 괜찮다고 생각하는 사람이 있는가 하면 법의 집행이 형편없다고 생각하는 사람이 있다. 어떠한 천재의 시나 작품이든 거기서 아름다움을 발견하는 사람이 있는가 하면 결점을 찾아내는 사람도 있다. 거의 모든 얼굴과 사람에게서 멋진 구석을 찾아내는 사람이 있는가 하면 추한 구석을 찾아내는 사람이 있고 또 훌륭한 자질을 찾아내는 사람이 있는가 하면 나쁜 자질을 찾아내는 사람이 있다.

이런 여러 상황에서 두 부류의 사람들은 주의를 한 방향으로만 고착시킨다. 대체로 행복해하는 사람들은 사물들의 편리한 점과 대화의 유쾌한 대목, 맛이 좋은 음식, 포도주의 달콤함, 멋진 날씨 등에 초점을 맞추며 그것들을 기쁜 마음으로 즐긴다. 그러나 대체로 불행해하는 사람은 오직 그 반대만을 생각하고 말한다. 따라서 그들은 끊임없이 불만을 늘어놓고, 그런 불평의 말로 사회의 쾌락을 반감시키고, 많은 사람들의 감정을 상하게 만들고, 어딜 가나 스스로 투덜이라는 낙인을 찍는다.

만일 이 같은 마음의 성향이 본성에 이미 정해져 있는 것이라면, 그런 불행한 사람은 충분히 동정을 살 만하다. 그러나 비판적이고 혐오감을 잘 느끼는 성향은 애초에 모방을 통해 습득되어 자신도 모르는 사이에 습관으로 굳어진다. 그렇기 때문에 지금까지 깊이 몸에 밴 습관일지라도, 그 습관을 가진 사람이 자신의 습관이 행복에 미치는 부작용을 잘 알고서 노력만 한다면 치유할 수 있다. …… 만일 이런 사람들이 나쁜 습관을 바꾸지 않고 우선 편하다는 생각에 계속 고집한다면, 다른 사람들은 그 사람을 피하는 것이 상책이다. 〈벤저민 프랭클린〉

강하면서 동시에 진실하고, 타인을 칭송하고 평가함에 있어서 관대하고, 적들에게도 가치 있는 결실의 공(功)을 돌리고, 대가를 바라지 않고 선을 베풀고, 겸손과 관용과 자제를 실천하고, 시간과 기회를 최대한 활용하고, 마음을 순수하게 간직하며 판단을 자애롭게 하고, 절망에 빠진 사람에게 동정의 마음을 현명하게 전달하고, 침묵과 무저항을 배우고, 진리와 정의를 추구하고, 매일 일하고 사랑하고 기도하고 봉사하고, 포부를 크게 품고, 즐거운 마음으로 노동하며 신의 말씀을 따르는 것, 그런 것이야말로 곧 천국으로 향하는 여행이다.　　　　　　　　　　　〈그렌빌 클라이저〉

지금 자연철학 분야에서는 훌륭한 발전이 매일 일어나고 있다. 도덕철학에서 눈으로 확인하고 싶은 것이 하나 있다. 국가들이 상대방의 목을 치는 전쟁에 의존하지 않고 분쟁을 해결하게 만들고 또 그렇게 강요할 어떤 계획의 발견을 보고 싶은 것이다.

우리 인간의 이성은 언제쯤 이런 계획의 이점을 확신할 수 있을 만큼 성숙할 것인가? *아무리 큰 승리를 거둔 전쟁일지라도 불행에 지나지 않는다는 진리를 우리 인간은 언제쯤 깨닫게 될 것인가?*　〈벤저민 프랭클린〉

다른 사람을 믿는 사람은 다른 사람을 불신하는 사람보다 실수를 덜 저지른다.　〈카밀로 카보우르〉

나는 조언을 청하는 것도 중요하게 여기지 않고 조언을 해주는 것도 중요하게 여기지 않는다. 일반적으로 말하면, 조언을 청하는 사람은 자신이 하고자 하는 바를 이미 잘 알고 있으며 또 자신의 뜻에 강하게 집착한다. 사람은 여러 가지 일에 대해 조언을 청할 수 있다. 그러나 종국적으로는 자기 스스로 행동을 결정해야 한다.

〈빌헬름 폰 훔볼트〉

성공은 당신이 뜻한 바를 성취하는 것이 아니라, 당신이 성취할 것을 목표로 정한 다음에 그것을 이 세상에서 최대한 노력하다가 안 되면 다음 세상에서라도 꼭 성취하고 말겠다는 확신을 품고 노력하며 앞으로 나아가는 것이다.

〈로버트 포먼 호턴〉

여기서 나의 신념을 밝힌다. 나는 우주의 창조주인 유일신을 믿는다. 그리고 그가 섭리로 이 우주를 관장하고 있다고 나는 믿는다. 그는 숭배되어야 한다고 나는 믿는다. *우리가 그에게 할 수 있는 최고의 봉사는 그의 다른 자식들에게 선(善)을 베푸는 것이라고 나는 믿는다.* 사람의 영혼은 불멸이며, 다음 생에서는 이승에서 한 행동에 따라 공평하게 대접을 받을 것이라고 나는 믿는다. 이런 것들을 나는 모든 건전한 종교의 근본적인 핵심이라고 생각한다.

나자렛의 예수 그리스도에 대해 말할 것 같으면, 그가 우리들에게 남긴 그대로의 도덕 및 종교의 체계는 이 세상이 과거에 보았거나 앞으로 보게 될 것들 중에서 최고라고 나는 믿는다. 그러나 나는 그것이 여러 차례 본질을 훼손하는 변화를 겪었다고 이해한다. 그리고 나는 예수 그리스도의 신성(神性)에 대해서 약간의 의문을 품고 있다. 비록 그 문제가 내가 파고들지도 않았고 공부도 하지 않은 주제이지만, 그보다 덜 힘든 방법으로 그 진실을 알 기회가 이제 곧 다가올 것이기 때문에 지금 내가 그 문제로 바쁠 필요는 없을 것 같다. 그러나 신성을 믿는다고 해서 해로울 것은 전혀 없다. 그 믿음이 지금까지 그랬던 것처럼 예수 그리스도의 교리를 더욱 권위 있고 더욱 성스런 것으로 만들어주었으면, 그것으로 충분하다.

나 자신에 대해 말할 것 같으면, 기나긴 인생에서 나 자신이 옳은 길로 나아가도록 안내해준 그 존재의 사랑을 경험했기 때문에 나는 다음 세상에서도 그 사랑이 이어질 것임을 믿어 의심치 않는다는 점을 밝히고 싶다.

〈벤저민 프랭클린〉

자기 자신의 자아를 실현하는 쪽으로 삶을 영위하는 것,
그것이 인간 존재가 이룰 수 있는 최고의 성취인 것 같다.
그것이 우리 모두의 임무인데도 우리 대부분은 실패하고
만다.　　　　　　　　　　　　　　　〈헨리크 요한 입센〉

위대한 마음은 목표를 품고, 그렇지 않은 마음은 소원
을 품는다. 어리석은 마음은 불운에 길들여지고 정복당한
다. 그러나 위대한 마음은 불운을 딛고 높이 솟아오른다.

　　　　　　　　　　　　　　　　　　　〈워싱턴 어빙〉

당신에게 10달러를 보낸다. 그저 주는 것이 아니라 빌려주는 것이다. 당신이 훌륭한 인물이 되어 당신 나라로 돌아갈 때, 거기서 당신은 틀림없이 멋진 사업을 하게 될 것이다. 그렇게 어느 정도 시간이 지나면 당신은 이 부채를 갚을 수 있을 만큼 경제적 여유를 갖게 될 것이다. 그럴 경우에 당신이 지금 처한 처지와 비슷한 상황에서 힘들어하는 성실한 사람을 만나거든, 당신은 그 사람에게 이 금액을 빌려줌으로써 나에 대한 부채를 상환해야 한다. 그러면서 그 사람에게도 능력이 생기면 당신과 똑같이 함으로써 또 다른 기회를 열어줘야 한다는 당부의 말을 잊지 마라. *나는 어떤 악한이 끼어들어 이 기회가 더 이상 전진을 이루지 못하고 끊어지기 전에 이 돈이 수많은 사람들의 손을 거칠 수 있기를 희망한다. 이것은 작은 돈으로 많은 선(善)을 베풀기 위해 내가 고안한 하나의 비결이다.* 나는 훌륭한 일에 돈을 많이 쓸 수 있을 만큼 부자가 아니다. 그러다 보니 어쩔 수 없이 교활하게 굴지 않을 수 없고 작은 것에서 최대한 많은 것을 뽑아내려고 애를 쓰지 않을 수 없다.

〈벤저민 프랭클린〉

정의는 숭배의 유일한 대상이다. 사랑은 유일한 성직자이다. 무지는 유일한 노예이다. 행복은 유일한 선(善)이다. **행복할 시간은 지금이다. 행복할 장소는 이곳이다.** 행복해지는 유일한 길은 다른 사람들을 행복하게 만드는 것이다.

〈로버트 그린 잉거솔〉

나의 무죄를 믿을 친구들이여, 내가 죽음을 맞기 전에 그대들과 함께 이 일에 대해 이야기를 나누고 싶소. 그러니 잠시 머무시오. 시간이 조금 남았을 때 우리 서로 이야기를 하는 것이 좋을 듯하오. 그대들은 나의 친구들이니, 나에게 일어난 사건의 의미에 대해 들려줘야겠소.

나의 판사들이여, 그대들을 진정으로 이렇게 부르건대, 나는 그대들에게 불가사의한 상황에 대해 이야기해야 할 것 같소. 지금까지 나의 내면의 신탁(神託)은 내가 어떤 일에서든 실수를 저지르려 할 때면 아주 사소한 일일 때조차도 끊임없이 나에게 반대하는 습관이 있었소. 지금 그대들이 보듯이 나에게 최악의 악마가 덮쳤소. 그런데도 신탁은 나에게 반대의 신호를 전혀 보여주지 않았소. 아침에 내가 집을 나설 때에도 그런 신호는 전혀 없었고, 내가 어떠한 주제에 대해서나 말을 할 때에도 그런 신호가 전혀 없었소. 그럼에도 나는 말을 하는 도중에 종종 방해를 받고 멈추었소. 그러나 내가 이 문제에 대해 한 말이나 한 행동 때문에 신탁이 나에게 반대해서 말을 멈춘 것은 아니었소. 이걸 어떻게 설명해야 하나! 그대들에게 말해주리다. 나는 이것을 나에게 일어난 일이 선이라는 점을 뒷받침하는 위대한 증거로, 그리고 죽음을 악이라고 생각하는 사람들이 틀렸다는 것을 증명하는 위대한 증거로 여기고 있소. 만일 내가 선이 아니고 악을 향해 가고 있었다면, 익숙한 그 신호가 언제나처럼 분명히 나에게 반대했을 테니까.

이제 다른 방향으로 생각해보도록 하겠소. 죽음이 선이라고 기대할 합당한 이유가 전혀 없는 것처럼 보일 것이오. 왜냐하면 죽음이 둘 중 하나일 것이기 때문이오. 즉 죽음이 무(無)의 상태든가 아니면 많은 사람이 말하듯이 거기에 어떤 변화가 일어나 이 세상에서 다른 세상으로 영혼의 이주가 있을 것이란 말이오.

만약에 죽은 뒤에 의식이란 것은 절대로 없지만 꿈의 방해를 전혀 받지 않는 사람의 잠과 비슷한 어떤 잠이 있다고 그대들이 생각한다면, 죽음은 이루 형용할 수 없을 정도로 이로운 것이 될 것이오. 왜냐하면 어떤 사람이 꿈의 방해를 받지 않는 수면을 취한 뒤에 그날 밤의 잠이 그 전에 있었던 수많은 낮과 밤과 비교하여 어떠했는지 스스로 생각해 본다면, 이 사람은, 아니 보통사람이 아니라 위대한 왕일지라도 그날처럼 멋있었던 낮과 밤은 거의 없었다고 대답할 것이라고 나는 생각하오.

만일 죽음이 이와 같은 것이라면 나는 죽는 것이 은혜라고 말할 것이오. 왜냐하면 죽음 이후의 영원이 단 하나의 밤이기 때문이오. 그리고 만일 죽음이 또 다른 곳으로의 여행이고, 또 많은 사람들이 말하듯이 그곳에는 죽은 자들만 있다면, 이것보다 더 멋진 것이 있겠소? 만일 순례자가 저 세상에 당도하여 이승의 정의의 판사에서 풀려나 그곳에서 진정으로 심판을 내리는 판사들을 발견한다면, 이를테면 미노스와 라다만토스, 아이아코스, 트립톨레모스, 그리고 자기 자신의 삶에 정직한 신의 다른 아들들을 판사로 맞는다면, 그 순례여행은 분명 충분한 가치가 있는 일일 것이오.

무엇보다도, 나는 이 세상에서처럼 다른 세상에서도 참 지식과 거짓 지식을 가려내는 탐구를 계속할 것이오. 그리고 나는 누가 현명하고 누가 현명한 척 굴며, 누가 현명하지 않은지를 가려낼 것이오. 트로이 원정의 지도자를 시험할 수 있다면 무엇이든 못 버리겠소! 오디세우스, 시지포스, 아니면 무수히 많은 다른 남녀들! 그곳에서 그들과 대화를 하고 질문을 던지는 것이 얼마나 큰 기쁨이겠소! 그 세상에서는 질문을 던졌다는 이유로 사람을 사형에 처하지는 않을 것이오. 확실히 그런 일은 없을 것이오. 사람들의 말이 맞는다면, 그들은 그 세상에서 이 세상에서보다 더 행복하고 불멸일 것이오. 그러니 죽음을 슬퍼하지 말고, 선한 사람에게는 이 삶에서나 죽은 뒤에나 악한 일이 절대로 일어나지 않는다는 확신을 갖도록 하오. 선한 사람은 신들로부터 외면당하지 않으며, 내가 죽음을 맞는 것도 그저 우연히 일어나는 것이 아니오. 그러나 나는 죽어서 해방되는 것이 나에게 훨씬 더 낫다는 것을 분명히 알고 있소. 신탁이 나에게 아무런 신호를 주지 않은 것도 바로 그런 이유 때문이오.

바로 그런 이유로 나는 나의 판사들도 원망하지 않고 나의 고소인도 원망하지 않소. 비록 나를 이롭게 할 뜻은 전혀 품지 않았을지라도, 그들은 나에게 아무런 해를 입히지 않았소. 이 때문에 오히려 내가 그들을 나무라야 할지도 모르겠소. 그래도 나는 그대들에게 부탁할 게 한 가지 있소.

나의 아들들이 자랄 때, 친구들이여, 나는 그대들이 나의 아들들을 벌해주길 바라오. 만일 나의 아들들이 미덕보다 부(富)나 다른 것들에 신경을 더 많이 쓰는 것처럼 보인다면, 내가 그대들을 비판했던 것처럼 그대들이 나의 아들들을 비판해주길 바라오.

혹시 나의 아들들이 아무것도 아니면서 무언가 중요한 존재인 것처럼 거들먹거린다면, 그대들이 그들을 꾸짖어주길 바라오. 내가 그대들을 꾸짖은 것처럼, 마음을 써야 할 곳에 마음을 쓰지 않으면서 아무것도 아닌 주제에 스스로 대단한 인간이나 되는 것처럼 생각한다고 혼을 내주기 바

라오. 만일 그대들이 나의 부탁을 들어준다면, 나와 나의 아

들들은 그대들의 손에 정의를 누리게 될 것이오.

이제 떠나야 할 시간이오. 우리는 각자의 길로 가야 하

오. 나는 죽으러 가고 그대들은 살러 가야 하오. 어느 것이

더 나은지, 그건 신만이 아오.　　　　　　　〈소크라테스〉

*소크라테스가 독배를 들기 전에 친구들에게 한 말.

순수하고 선한 사람의 마음에서는 부패도, 불결도, 악의도 발견되지 않는다.

자신의 역할을 다 끝내지 않은 가운데 연극 무대를 잠시 떠나는 배우와 달리, *그런 사람의 삶은 언제 죽음이 찾아와도 그것으로 완성이다.* 그는 비겁하지도 않고 주제넘지도 않다. 또한 삶의 노예도 아니고 삶의 의무에 무심하지도 않다. 그의 내면에선 비난할 만한 것이 전혀 발견되지 않고 또 부끄러워해야 할 것도 전혀 발견되지 않는다.

도덕적 완벽은 이런 것이다. *하루하루를 생의 마지막 날처럼 생각하며 살고, 또 평온하고 성실하게 살되 자신의 운명에도 무관심하지 않는 것이다.*

〈마르쿠스 아우렐리우스〉

곧잘 다투기만 하는 가족을 거느린 한 농부가 말로 타이르려 하다 제대로 되지 않자 예를 제시하면 더 잘 설득할 수 있지 않을까 하고 생각했다. 그래서 그는 아들들을 불러 나무 막대기를 한 묶음 갖고 오라고 했다. 아들이 막대기들을 가져오자 아버지는 그걸 받아 다발로 묶은 뒤 아들들에게 건네며 그걸 부러뜨려 보라고 했다. 아들들은 몇 번이고 애를 썼지만 다발은 부러질 기미조차 보이지 않았다. 그러자 아버지는 그 다발을 풀어놓으면서 막대기를 하나씩 부러뜨려 보라고 했다. 아들들은 식은 죽 먹듯 쉽게 부러뜨렸다. 그때 아버지가 말했다. "아들들아, 잘 보았느냐? 너희들이 단결하여 힘을 모으면 어떠한 적도 상대가 되지 못한단다. 그러나 단결하지 않고 따로 놀면 너희들은 망할 수밖에 없단다."

〈이솝〉

인생은 양(量)이 아니라 질(質)에서 서로 다르다. 어떤 사람에게는 다른 사람보다 더 오래 사는 것이 허락된다. 그러나 결과적으로 보면 그건 그다지 중요하지 않다. 물론 1년을 사는 것보다 100년을 사는 것이 더 낫다. 그러나 거기엔 조건이 있다. 단순히 땅 위에 머무는 것이 아니라 인간답게 살 수 있어야 그런 말이 가능한 것이다. 누구나 식물로 한 세기를 사느니 인간으로 1년을 사는 길을 택할 것이다. 누구나 인생을 양이 아닌 질로 이해한다. 과거를 뒤돌아보면, 하루 혹은 일주일이 그를 전후한 몇 년보다 기억에 더 뚜렷한 경우가 자주 있다. 그런 하루 혹은 일주일은 그저 존재하기만 한 몇 년의 세월보다 그 의미 면에서 더 길다. 말하자면 그날 하루 혹은 일주일을 더 치열하게 살았다는 뜻이다. 그렇기 때문에 영혼에는 짧은 시간이 오히려 더 깊은 의미를 지니는 것이다. **우리는 아주 많은 날과 해를 산 것이 아니라 아주 많은 일과 사랑과 투쟁과 기쁨과 골칫거리를 살았다.** 인생은 언제나 영혼의 기준에 의해 그 질로 평가된다.

　게다가 인간의 발달에는 아주 고무적이고 또 위안을 주는 법칙이 하나 있다. 우리가 산술적인 비율로 성숙하는 것이 아니라 기하급수적인 비율로 성숙한다는 사실이다. 새로운 삶은 예전의 삶에 단순히 보태지는 것이 아니고 곱해진다는 뜻이다. 새롭게 얻은 사고는 그 사람의 과거의 생각에 그냥 보태지는 것이 아니라 곱해져 들어간다. 그러면서 그것이 새로운 관점이 되고, 그러면 그 사람은 다른 모든 사실들과 생각들을 그 관점에서 다시 보게 된다. 산을 한 걸음 더 오르면 사방으로 지평선이 더 넓어지는 것과 마찬가지이다. ………

　우리 인생의 전체적인 결과를 결정하는 것은 그런 식으로 옛날의 삶에 곱해져 들어가는 그 새로운 삶의 증가분이다. 우리는 어제를 변화시키지는 못한다. 어제는 운명처럼 우리 위를 덮고 있다. 그러나 우리는 과거의 전체 성취에 곱하여져 들어갈 오늘의 삶의 요소에는 결정적으로 영

우리가 자신의 뜻대로 쓰는 여유 시간이 그렇게 소중한 이유도 거기에 있다. 그리고 그런 시간은 짧을수록 더 소중해진다. 만일 하루에 당신 마음대로 쓸 수 있는 시간이 10시간이라면, 당신은 아마 그 중 1시간 정도는 낭비할 것이다. 그러나 당신에게 자유시간이 하루에 반시간밖에 주어지지 않는다면, 그 짧은 시간은 그야말로 삶의 신성한 기회가 될 것이다. 당신의 존재의 질을 변화시키고, 당신이 삶에 투자할 수 있는 자본을 증식시킬 기회인 것이다.

....

정말, 세월의 강은 가차없이 흐른다. 세월의 강의 흐름을 잡아놓을 수만 있다면 가진 것을 모두 내놓고 싶을 때도 있고, 그 강물이 더 빨리 흘러갔으면 좋겠다 싶을 때도 있다. 그러나 세월의 강 앞에서 그 흐름을 바꿔놓으려는 어떠한 욕망도, 어떠한 노력도 똑같이 소용이 없다. 일을 하든 잠을 자든, 성실하든 게으르든, 기쁨에 겨워 있든 고통에 신음을 토하고 있든, 세월의 강은 저항에 머뭇거리는 일 없이 한결같은 흐름으로 흘러만 간다. *우리가 세월의 강을 이용할 수 있는 것은 그 강의 물이 오늘 당신의 삶의 물레방아 바퀴 위를 흐를 그때뿐이다.* 그 물이 과거가 되는 순간, 그것은 이미 되돌아올 수 없는 영원의 거대한 바다로 흘러간 뒤이다. 다른 기회들이 올 것이고, 다른 물들이 흘러올 것이다. 하지만 사용되지 않은 채 흘러가버린 물은 영원히 잃어버리게 되어 다시는 돌아오지 않을 것이다.

〈에드워드 하워드 그릭스〉

모든 젊은이는 내면에 이런 감정을 품고 가꿔나가야 한다. *자기 자신을 자연의 실패작으로 여김과 동시에 자연의 위대하고 경이로운 뜻을 입증할 한 증거로도 볼 줄 알아야 한다.* 젊은이는 자신에게 이렇게 말해야 한다. 자연은 나를 성공작으로 만들어내지 못했지만, 나는 미래에 자연이 나를 더 훌륭한 작품으로 다듬어내도록 도움으로써 자연의 뜻을 존중할 것이라고.　　　　〈아르투어 쇼펜하우어〉

다음 세상에서 영생을 누리겠다는 희망은 영적 존속에 대한 갈망에서 비롯되는 것이 아니라, 우리가 살아보고 좋다는 사실을 확인한 이승에서의 삶에 대한 사랑에서 비롯되는 것이다.　　　　〈로버트 J. 쇼어스〉

당신의 일이나 우리의 일의 결과에 대해 불안한 생각을 갖지 마라. 만일 당신이 최선을 다하고 있다면, 그 결과는 지금 당장이 되었든 미래가 되었든 절대로 당신의 문제가 아니다. 우리가 뿌리는 진리의 씨앗은 가만 둬도 싹을 틔우고 성장하게 되어 있다. 만일 여기서 그 결실을 보지 못한다 하더라도, 우리는 다른 어딘가에서 그것이 싹을 틔우리라는 것을 잘 알고 있다.

만일 우리가 지금 성공할 수 있다면 그것은 위대한 일일 것이다. 그러나 성공을 보지 못한다 하더라도, 만일 우리가 인내심을 갖고 성공을 기다린다면 그것은 더 위대한 일일 것이다. 왜냐하면 성공은 끝내 오고 말 것이기 때문이다. 남이 당신을 혹사하더라도 안달하지 않도록 하라. 당신을 혹사하는 사람은 자신이 무슨 짓을 하고 있는지 잘 모른다. 우리도 어느 땐가 현혹되고 무정하기도 했다. 그러니 그 사람을 용서하도록 하라.

옹졸한 사람 때문에 고민하는 일이 없도록 하라. 우리로

서는 그 사람을 어찌 할 수가 없다. 그것은 우리의 책임이 아니다. 우리는 우리 자신에 대해서만 책임을 질 수 있을 뿐이다. 다른 사람들에 대해 책임을 지는 것은 불가능하다. 당신에게 반대하는 사람에게도 화를 내지 마라. 어느 누구도 자연의 질서나 신의 섭리에 진정으로 반대하지는 못한다. 우리의 계획이 좌절될 수도 있다. 세상에는 우리의 것보다 훨씬 더 위대한 계획들이 있는 법이다.

계획이 우리가 바라는 시간에 마무리되지 못할 수도 있다. 그래도 그것들은 우리의 노력과 우리의 뒤를 잇는 사람들의 노력에 의해 성취될 것이다.

당신 자신의 고난에 대해 슬퍼하지 마라. 당신에게 그 고난이 필요하지 않았다면, 당신은 그런 고난을 당하지 않았을 것이다. 〈볼턴 홀〉

가치 있는 삶의 법칙은 기본적으로 투쟁의 법칙이다. 뜨거운 활력과 불굴의 용기로 노동과 고된 노력을 기울여야만 우리는 보다 나은 단계로 올라설 수 있다.

〈시어도어 루즈벨트〉

환상을 버리지 않도록 하라. 환상이 사라진다 해도 당신은 여전히 존재할 것이다. 그러나 환상이 없는 당신은 살기를 그만 둔 것이나 다름없다.

〈마크 트웨인〉

얼마 전, 나는 죽은 신(神)에게나 어울릴 금과 금박으로 장식한 '삼촌 나폴레옹'(나폴레옹 1세)의 장엄한 무덤 옆에 서서 마침내 그 무모한 인간이 한 줌의 재로 변해 쉬고 있는 그 값비싼 대리석 석판을 보았다. 나는 묘지 난간에 기대어 서서 근대 세계에서 가장 위대했던 군인의 활동에 대해 생각해보았다.

나는 그가 자신의 운명을 생각하면서 센 강변을 걷고 있는 것을 보았다. 나는 그가 툴롱에 있는 것을 보았다. 나는 그가 파리의 거리에서 폭도들을 진압하고 있는 것을 보았다. 나는 그가 이탈리아 군대의 선두에 서 있는 것을 보았다. 나는 그가 삼색기를 들고 로디 다리를 건너고 있는 것을 보았다. 나는 그가 이집트에서 피라미드의 그늘 아래에 있는 것을 보았다. 나는 그가 알프스를 정복하고 있는 것을 보았다. 나는 그가 마렝고와 울름과 오스테를리치에 있는 것을 보았다. 나는 그가 러시아에 있는 것을 보았다. 거기서 그의 병사들이 눈 같은 러시아 보병과 거센 돌풍 같은 기병에게 마른 겨울 나뭇잎처럼 쓰러지는 것을 보았다. 나는 그가 라이프치히에서 크게 패해 파리로 쫓겨 와 야생짐승처럼 붙잡혀 엘바 섬으로 유배되는 것을 보았다. 나는 그가 엘바 섬을 탈출해 천재성을 발휘하여 제국을 다시 탈취하는 것을 보았다. 나는 그가 워털루의 무시무시한 들판에 서 있는 것을 보았다. 나는 거기서 운과 운명의 신이 그의 행운을 박살내는 것을 보았다. 그리고 나는 그가 세인트헬레나 섬에서 뒷짐을 진 채 슬프고 장엄한 바다를 바라보고 있는 모습을 보았다.

나는 그가 만든 고아와 과부들에 대해 생각해보았다. 그의 영광을 위해 뿌려진 눈물에 대해, 야망의 차가운 손에 의해 그의 가슴에서 떼밀렸던, 그를 사랑한 유일한 여인에 대해 생각해보았다. 그렇게 사느니 차라리 나는 프랑스 농민이 되어 나무 신발을 신고 살겠다. 포도나무 덩굴이 문을 가득 덮고 포도알이 가을 햇살의 입맞춤에 보랏빛으로 영그는 그런 오두막에서 살겠다. 저물녘에 사랑하는 아내가 옆

에서 뜨개질을 하고 아이들은 나의 무릎에 앉아 나를 껴안
는 그런 가난한 농부로 살겠다. 나는 "나폴레옹 대제"로 알
려진, 무력과 살인의 화신인 황제로 사느니 차라리 이름 없
는 사람으로 한 세상 살다가 꿈이 없는 흙의 침묵으로 돌아
가겠다.　　　　　　　　　　　　　　〈로버트 그린 잉거솔〉

오늘날 식량의 적절한 공급을 확보하려는 노력이 활발히 전개되고 있다.

영양학자들이 진리를 배우기만 한다면, 식량의 공급을 확보하는 일은 아주 쉬워진다. *우리는 브랜(bran: 밀기울)을 먹어야 하는데 브랜드(brand: 상표)를 먹고 있다.* 새하얀 밀가루를 만들기 위해 밀에서 가장 중요한 부위를 다 떼어낸다. 우리는 미국 시민보다 젖소를 더 열성적으로 보살핀다. 젖소가 밀의 알짜를 먹고, 우리는 젖소가 먹어야 할 것을 먹고 있다.

소박하고 맛있는 밀빵과 포리지(빻은 귀리에 우유나 물을 넣어 만든 죽), 풍부한 제철 과일, 즙이 많은 채소 특히 감자와 시금치와 아스파라거스, 많은 양의 순수하고 신선한 우유를 즐긴다면 비타민과 영양소가 풍부한, 아주 건강한 식단이 될 것이다. 여기에 좋은 고기와 달걀을 적절히 곁들이면 좋을 것이다.

맥주와 위스키와 포도주도 음식의 가치를 지닌다는 통

설이 있지만, 그건 착각에 지나지 않는다. 적절한 양의 알코올이 신체 조직들 안에서 타면서 열과 에너지를 공급하는 것은 사실이다. 그러나 섭취된 독을 제거하려는 육체의 노력이 이 열과 에너지를 다 소모한다. 그렇기 때문에 삶의 다른 활동에 쓰일 열이나 에너지는 거의 남지 않거나 전혀 남지 않게 된다. 〈하비 W. 와일리〉

버나드 쇼는 보편적으로 사랑받는 인물은 결코 되지 못할 것이다. 만일 버나드 쇼가 자신이 보편적으로 사랑을 받고 있다는 느낌을 받았다면, 그는 아마 더없이 억울하다고 생각했을 것이다. 미움이 진정한 것이라면, 조지 버나드 쇼는 그런 미움을 받기를 그 어떤 것보다 더 좋아한다. 비판이 정직한 것이라면, 조지 버나드 쇼는 그런 비판을 받기를 다른 어떤 것보다 더 사랑한다. 지적 펀치를 날리는 사람이 그럴 만한 능력을 갖추었다면, 그는 그런 펀치를 얻어맞고 쓰러지는 것을 다른 어떤 것보다 더 좋아한다. 조지 버나드 쇼는 오뚝이처럼 다시 일어서는 투사이고, 지적 전사이다.

그의 지적 노력들은 저마다 이 시대의 지적 작업의 반영이며 재생산이다. 버나드 쇼는 시대에 의해 만들어졌고, 시대의 한 부분을 이루고 있으며, 시대의 표현이기도 하다. 그가 누구나 좋아하는 수정(水晶)의 어느 한 면만을 반영하는 경우는 절대로 없으며, 우리 시대의 어느 한 특징만을 파고드는 경우도 절대로 없다. 그의 지적 노력은 한마디로 말해 세계주의적 보편주의이다. 버나드 쇼는 우리가 사는 이 시대의 정제된 잠재력들을 보여주는 것 같다.

〈헨리 프랭크〉

세상에는 두 개의 세계가 있다. 선(線)과 자로 측정하는 세계가 있고, 우리의 가슴과 상상력으로 느끼는 세계가 있다.　　　　　　　　　　　　　　　　〈리 헌트〉

인생은 한 편의 위대한 비극이라는 견해에서 나는 더없이 큰 위안을 얻는다. 인생에는 환희의 섬들이 있고, 순수한 축복의 안식처도 있다. 또 아이들의 웃음이 있고, 젊고 아름다운 시절의 사랑의 광휘가 있고, 만년의 끈끈한 사랑의 빛도 있다. 이 모든 것을 고려했다. 그럼에도 나는 이 광휘와 빛의 주변에 언제나 비극이 펼쳐지고 있거나 기다리고 있다고 말한다. *다른 비극이 없다 하더라도 우리 모두가 직면해야 하는 죽음의 비극이 있다.* 그러나 이런 비관적인 견해는 음울하고 우울하고 감상적인 관점이 아니다. 위대한 비극은 사람을 우울하게 만들지 않고 감정을 고양시킨다. 어떤 비극의 5막이 끝나고 막이 내릴 때, 관객은 격한 감정에 따른 긴장에도 불구하고 자신의 기분이 고양되는 것을 느낀다. 힘이 빠져 쓰러지는 것이 아니라 오히려 기분이 한껏 고조된다.

위대한 음악은 사람의 영혼 속을 흐른다. 그러면 사람은 높은 창공을 날듯 가벼워짐을 느끼고 자신이 지나쳐온 연

민과 공포의 심연들이 저 아래로 보이는 것 같다.

인생의 거울이랄 수 있는 비극에는 패배와 승리가 적절히 뒤섞여 있다. 패배와 승리가 무대 위에 등장한다. 거기에 폐허가 있다. 하지만 그 폐허 위로 영광이 빛을 발하고 있다. 무대 위의 비극의 효과는 우리가 동경하는 주인공의 위대한 자질에 의해 나타나게 되지만, 그의 본성에 있는 약간의 결점 때문에 그 자질이 아주 만족할 정도로 표현되지는 못한다. 혹은 주인공은 어떤 높은 이상을 추구하며 가슴에 어떤 숭고한 목표를 품고 있다. 그 결점은 그에게 있는 것이 아니라 그의 환경에 있다. 아직 그에게는 때가 무르익지 않았다. 그가 다뤄야 할 사람들은 그의 기준보다 떨어진다. 그리고 그는 실패한다. 그러나 그는 그렇게 실패하면서 자신이 열망해왔던 숭고함을 그 어떤 것보다 더 두드러지게 드러내 보인다.

이런 비극을 무대에서 우리 인생으로 옮겨보자. 우리의 인생에는 막강한 힘들이 작용한다. 어떤 위대하고 고귀한 기질이 사물과 사람들을 통해 스스로를 드러내려 한다. 그러나 조건들이 아직 적절하지 않다. 그래서 그 위대함은 끊임없이 깨어지고 있고, 고귀함은 실패하고 있다. 위대함과 고귀함이 잘못되어서 그런 것이 아니다. 조건이 불충분하고, 유한한 것이 무한을 구현하지 못하기 때문이다.

그럼에도 그 실패는 그런 기질에 잠재해 있는 무한성을 촉발시킨다.

일도 이롭고, 공감도 이롭다. 삶의 일상적인 모든 환경에서 자기 자신을 가엾게 생각하지 말고 다른 사람들에 대해 가엾다고 생각하는 것이 큰 도움이 된다. *그러나 나에게는 인생은 하나의 위대한 비극이라는 생각, 폐허 위로 영광이 빛을 발한다는 생각이 더없이 큰 위안을 준다.*

〈펠릭스 아들러〉

어느 농부의 이야기이다. 이 농부는 자기 밭 너머에는 아무것도 없다고 믿고 살았다. 그러다가 어느 날 키우던 소를 잃어버렸다. 이리저리 소를 찾아 나선 농부는 자신의 밭 너머에도 엄청나게 넓은 들판이 있다는 사실을 깨닫고는 깜짝 놀랐다.

많은 이론가들도 이 농부와 비슷하다. 단지 넓디넓은 다른 세계를 보지 않았을 뿐이면서도 자신의 분야 외에는 아무것도 없다고, 다른 세계는 절대로 없다고 믿거나 그런 식으로 생각하는 이론가들이 너무 많다.

〈바르휘 스피노자〉

종교란 것은 굳이 지적으로 뒷받침되지 않아도 도덕적으로 유익하다.　　　　　　　　　　〈J. S. 밀〉

인간이 누리는 가장 위대한 특권은 일할 자유이다. "일"이라는 단어만큼 사람들에게 다양한 의미로 받아들여지는 단어도 없다. 또 서로 다른 관점 때문에 일만큼 다양하게 받아들여지는 행위도 따로 없다.

어린아이에게 뭐가 일이냐고 물어보면 "어쩔 수 없이 하는 것은 일이고, 하고 싶어서 하는 것은 놀이이다"라는 대답이 돌아올 것이다. 이 대답은 그 아이가 일로 알려진 행위와 자기 자신의 관계를 알고 있다는 것을 보여준다. 또한 일은 그 아이의 마음에 고역(苦役)으로 비친다는 점을 보여준다.

고역은 힘들여 하는 일이고, 해야 하기 때문에 하는 일이며, 혐오스런 것으로 여겨진다. 고역은 힘들고 냉혹한 형태의 일이고, 희망이 없어 보이고, 성취의 기쁨과는 동떨어져 보이는 일이다.

일은 즐거움이 되어야 하고, 삶의 동기가 되어야 한다. 일을 사랑의 노동으로 본다면, 일은 즐거움이 되고 삶의 동기가 될 수 있을 것이다. 그런데도 우리는 노동이라 부르는 것을 고통이 수반되는 것으로 여기게 되었다. 우리 대부분은 일을 노동으로 받아들이고, 따라서 노동이 성취의 결과물을 내놓음에도 불구하고 노동의 방법에 대해서는 여전히 불쾌하고 격한 활동으로 여긴다.

일을 진정으로 사랑할 수 있는 비결은 그 일을 성공적으로 끝낼 수 있다는 희망에 있다. 금전적 보상이나 투입될 시간과 기술이 아니라, 그 일 자체의 성취로 나타나는 성공적인 결과가 일에 대한 사랑의 비결인 것이다.

〈시드니 A. 웰트머〉

우주를 그 대상으로 삼은 철학적 숭배가 있다. 인간이 자연세계에 크게 의존하고 있고 그 의존이 인간의 정신의 여러 측면에 이롭다는 사실을 고려한다면, 고대와 현대의 금욕주의자들에게 공통적으로 나타나는 이 같은 숭배는 정당성을 명백히 지닌다. 그런데 이 철학자들이 관습적인 종교적 열정을 지키기 위해 동원하는 미사여구와 모호성이 우주에 대한 숭배를 강화하기보다 오히려 흐리게 만들고 있다. *왜냐하면 철학자들이 우주를 인격화하면서 거기에 신의 이름을 붙일수록, 우주는 신성한 측면을 더욱 잃어가기 때문이다.* 우리가 관찰할 수 있는 한, 우주는 경이로운 거대한 엔진과 같다. 그 넓이와 질서, 아름다움과 잔혹성은 똑같이 인상적이다. 만일 우주의 생명을 극화하고 그 영혼을 상상한다면, 우리는 경이와 두려움을 강하게 느낄 것이다. 그 영혼은 너무나 웅대하고, 너무나 강렬한 생명력으로 넘쳐나고, 너무나 냉혹하고, 너무나 정확하여 단조롭기까지 하다. 모든 동물과 식물처럼, 우주는 나름으로 운행 방식을 갖고 있다. 그것은 전적으로 이성적이지도 않고 절대적으로 이상적이지도 않지만, 은근하고 치명적이며 결실을 많이 맺는다. 흙과 불의 유기체인 이 우주는 위대하며, 또한 거대하고 고통스럽고 영광스러운 이 우주의 운행은 가공할 만하다. 그런데 왜 우리는 이 우주를 경건한 마음으로 바라보지 않는가? 우리는 우주의 아들이 아닌가? 우리는 다른 종류의 흙으로 만들어졌단 말인가? 우리의 모든 가능성은 우주의 가슴에 숨겨져 있는 영원성에서 비롯된다. 우리의 환희를 가능하게 하는 것도 우주이다. 우리는 미신적인 두려움을 느끼지 않고도 우주와 소통할 수 있을 것이다. 우주는 사악하지 않다. 우주는 언제나 나름의 습관을 따르고 있으며, 신뢰해도 좋을 만큼 진실하다. *우주와 우리 사이에 사회의 형성이 불가능하지 않다.* 우주는 우리의 모든 에너지의 원천이고 우리의 모든 행복의 고향이다. 그렇다면 우리가 우주에 애착을 갖고 우주를 칭송해야 하는 것이 아닌가?

〈조지 산타야나〉

아름다움은 사람의 얼굴에 있지 않다. 그것은 사람과 그 사람의 내면 사이의 조화에 있다. 아름다움은 표정이다. 아기를 안은 엄마를 그린다면, 나는 아이를 보는 엄마의 그윽한 눈길만으로 그녀를 아름답게 그리려고 노력한다.

〈장 프랑수아 밀레〉

숭고한 것과 터무니없는 것은 서로 아주 가까운 사이라서 뚜렷이 구분하기가 무척 어렵다. 숭고한 것보다 한 단계 더 나아가면 터무니없는 것이 된다. 그리고 터무니없는 것보다 한 단계 더 나아가면 숭고한 것이 된다.

〈토머스 페인〉

짐승들이 부러운 점이 두 가지가 있다. 하나는 다가올 악에 대한 무지(無知)이고, 다른 하나는 자신들의 평가에 대한 무지이다. 〈볼테르〉

어떤 책이 중요한 것은 그 책에 담긴 내용 때문이 아니다. 그 책이 묻고 암시하는 것이 중요하다. 물음표는 정설의 권위에 대한 도전이다. 〈호레이스 트로벨〉

힘이 부족한 사람은 없다. 의지가 부족할 뿐이다.

〈빅토르 위고〉

'영혼'의 앞길에 생명의 강이 나타났다. 영혼은 그 강을 건너야 했다. 영혼의 눈에 먼저 갈대가 띄었다. 영혼은 그것으로 강을 건너려고 했다. 그러나 영혼이 갈대를 손으로 짚으며 몸을 기울이자, 갈대의 가느다란 줄기가 휘어지고 말았다. 그러자 영혼은 다시 막대기를 발견하고는 그것으로 강을 건너려 했다. 그런데 이번에는 막대기의 뾰족한 끝부분이 강바닥에 박혀버렸다. 영혼이 그걸 뽑으려 했으나 역부족이었다. 영혼은 강물에 빠진 채 막대기 옆에 서 있었다.

그러다 영혼은 다시 강가로 나와 넓적하고 굵은 통나무를 발견하고는 "이거면 되겠군." 하고 속삭였다. 이어서 영혼은 물속으로 들어갔다. 그런데 통나무가 워낙 물에 잘 떠서 흘러가는 바람에 영혼은 한 걸음도 움직이기가 힘들었다.

그래서 영혼은 강가에 서서 외쳤다. "오, 생명의 강이여! 어떻게 건너야 하오리까? 온갖 방법을 다 동원해보았지만 실망만 시키고 있소."

그러자 생명의 강이 대답했다. "너 혼자 건너보려무나."

이 소리를 듣고 영혼은 강물 속으로 걸어 들어가 혼자

강을 건넜다.　　　　　　　　　　〈올리브 슈라이너〉

불멸을 믿는 것도 중요하다. 그러나 먼저 생명을 믿는

것이 필요하다.　　　　　　　〈로버트 루이스 스티븐슨〉

쇼펜하우어의 성격은 모든 위대한 인물들과 똑같이 모순 덩어리였다. 그는 어린아이의 대담함과 천재의 소심함을 동시에 보였다. 그는 모든 사람을 의심하면서도 말할 수 없이 친절했다. 그는 또 아주 둔감했는데 심지어 폭력에도 그런 모습을 보였다. 그런 한편으로 그의 예절과 정중함을 보면 매우 보수적인 신사 같았다. 그는 자기중심적인 한편으로 과도할 정도로 관대했다. *사랑은 위대한 인간들의 이기심이 아니라고 누가 말하겠는가?* 그는 정직 그 자체이면서도 모두가 자신을 속이려 한다고 의심했다. *혹시 들어올지 모르는 도둑을 속이기 위해 귀중한 문서에 엉뚱한 표시를 해놓았으며, 지폐는 사전에 끼워놓고 금붙이는 잉크병 안에 넣어두었다.* 또 불이 날 경우에 신속히 대피할 수 있도록 일층에서 잠을 잤다. 밤에 부스럭거리는 소리라도 들리면 그는 침대 머리맡에 늘 장전해 둔 권총을 집어 들곤 했다. ………

니체의 전기에도 이와 비슷한 괴팍한 언행이 가득하다.

이런 이상한 짓들을 찾기를 원한다면, 문학사에 이름을 날리고 있는 사상가들의 일대기 아무 것이나 들춰보면 된다.

〈에드가 샐터스〉

글을 잘 쓰는 것은 잘 생각하고, 잘 느끼고, 잘 표현하는 것이다. 그것은 지성과 영혼과 취향을 동시에 소유하는 것이다.

〈뷔퐁 백작〉

사람이 자기 자신을 너무 쉽게 믿는 것은 위험한 일이다. 그러니 나 자신의 가슴을 조사하고, 살피고, 관찰하고, 검사하도록 하자. *왜냐하면 나에게 아첨을 가장 잘 떠는 존재가 바로 나 자신이기 때문이다.* 우리는 매일 밤 자기 자신을 놓고 이것저것 따져보아야 한다.

오늘 나는 어떤 약점을 극복했는가? 어떤 격정에 맞서 이겼는가? 어떤 유혹을 떨쳤는가? 어떤 미덕을 얻었는가?

매일 악행을 참회하고 고해를 한다면, 악덕이 스스로 가벼워질 것이다. 아, 그런 일기를 쓴 끝에 밀려오는 잠은 얼마나 큰 축복인지 모른다.

오, 나 자신을 살피는 스파이이자 나 자신의 태도를 점검하는 검열관인 나의 마음의 평온과 자유와 위대함이여!

매일 밤 촛불이 꺼짐과 동시에 하루 동안 한 말과 행동을 되돌아보는 것이 나의 습관이다. 그럴 때면 나는 하나도 놓치지 않는다. 스스로를 훈계하고 용서할 수 있는 시간에 나의 잘못을 보는 것을 두려워할 이유가 있는가?

만일 모든 사람이 자기 자신을 들여다본다면, 그건 우리 모두에게 좋은 일일 것이다. *한 순간도 더 보장되지 않는 생명을 매일 이런 식으로 반성하는 것보다 더 합리적인 삶의 태도가 있을까?* 우리의 운명은 정해져 있다. 그리고 우리가 처음 들이쉬는 호흡은 단지 우리의 마지막을 향한 첫 걸음일 뿐이다. *우리의 인생은 놀랄 정도로 다양할 수 있다. 그러나 모든 인생은 똑같은 출구를 향해 나아가고 있다.*

우리 인간은 상실하고 죽고, 희망을 품고 두려워하고, 자기 자신과 타인들을 초조하게 만들도록 태어났다. 누구에게나 닥칠 재앙에 대비한 대책은 덕행 외에는 아무것도 없다. 진정한 환희의 바탕이 바로 양심이기 때문이다.

〈세네카〉

슬픔을 말로 미화한다는 것이 얼마나 허망한 일인지를 잘 안다. 그래도 나는 모든 무덤들에서 죽음에 대한 두려움을 떨쳐내고 싶다.

삶과 죽음이 동등한 왕으로 군림하는 여기 이 세상에선, 우리 모두는 죽은 자들이 겪은 모든 것들을 직면할 만큼 용감해야 한다. 미래는 두려움으로 가득하며, 냉혹한 과거로 인해 때가 묻고 더럽혀져 있다. 불가사의한 생명의 나무에서 잎과 꽃이 잘 익은 과일과 함께 떨어지고, 대지의 공용 침대에서 가장(家長)들과 아이들이 나란히 잠들어 있다. 그런데 우리가 이 모든 것들에 닥칠 일을 두려워해야 하는 이유는 뭔가?

삶과 죽음 중에서 어느 것이 더 큰 축복인지 우리는 알지 못하며 알 수도 없다. 무덤이 이 생명의 끝인지 아니면 또 다른 생명으로 들어가는 문인지, 아니면 이곳의 밤이 또 다른 곳의 새벽이 아닌지 우리는 알지 못한다. 또 이 세상에 태어나 말도 한 마디 제대로 못해보고 엄마 품에 안겨 죽어가는 아이가 더 행복한지 아니면 긴 인생길을 걸어오면서 산전수전 온갖 풍상을 다 겪은 끝에 지팡이와 목발에 의지하며 고통스럽게 마지막 걸음을 힘겹게 옮겨놓는 노인이 더 행복한지, 우리는 알지 못한다.

요람은 우리에게 "어디서 왔니?"라고 묻고, 관(棺)은 우리에게 "어디로 가는 거니?"라고 묻는다. 이 물음 앞에서는 가난한 야만인도 자신의 죽음을 생각하면서 법복을 갖춰 입은 최고 권위의 성직자만큼 현명하게 대답할 수 있다. 가난한 야만인의 슬픈 무지(無知)도 성직자의 부질없는 말만큼 위로가 된다.

삶의 지평선으로 무덤이 설핏 보이는 위치에 선 사람에게는 미래가 고통과 눈물로 가득할 것이라고 예언할 권리가 없다. 어쩌면 우리의 삶에 가치 있는 모든 것을 주는 것이 바로 죽음인지도 모른다. 만일 우리가 애지중지하는 존재가 결코 죽지 않는다면, 아마 그 사랑은 금방 시들어버리고 말 것이다. 아마 죽음이라는 공통의 운명이 우리의 가슴들 사이의 오솔길에 자란 이기심과 증오의 잡초를 밟아 죽이는지도 모른다. *나는 사랑이 없는 영생을 사느니 죽음이 왕인 곳에서 살며 사랑하는 쪽을 택하겠다.* 만일 우리가 이곳에서 사랑했던 사람들을 다시 만나 알고 사랑하지 못한다면, 또 다른 생은 아무런 의미가 없다.

이 작은 무덤가에 찢어지는 가슴을 안고 서 있는 사람들에겐 걱정할 게 하나도 없다. 죽음은 아무리 나쁜 형태일지라도 똑같이 완벽한 휴식이다. 남은 자들의 슬픔은 삶이 일상적으로 요구하는 것들, 말하자면 시간마다 해야 할 의무와 필요 때문에 세월이 흐르면 가벼워질 것이다. 그러다 보면 어느새 그들에게도 이 무덤이 안식과 평화의 장소, 환희의 장소가 될 것이다. 그들에게 위안이 될 사실이 한 가지 있다. 죽은 자는 고통을 받지 않는다는 것이다. 만일 죽은 자들이 다시 산다면, 그들의 삶도 확실히 우리들의 삶만큼 괜찮을 것이다. 우리가 걱정해야 할 이유는 하나도 없다. 우리는 모두 같은 어머니의 자식들이며, 똑같은 운명이 우리 모두를 기다리고 있다. 우리는 또한 우리의 종교를 갖고 있

다. 바로 이것이다. '산 자들에게 도움의 손길을 펴고, 죽은
자들을 위해 희망을 품어라.'   〈로버트 그린 잉거솔〉

**매일 아침 그날 일과를 짜고 그 계획대로 따르는 사람
은 바쁜 일상의 미로(迷路)를 안내할 실을 하나 갖고 있다.**
그 사람의 일정표는 등불이 되어 그가 일을 처리하는 내내
빛을 비출 것이다. 그러나 계획이 전혀 없거나 그때그때 사
정에 따라 시간을 쓰는 경우엔 모든 것이 뒤죽박죽 뒤섞여
카오스를 이룬다. 이런 상황에선 시간 안배도 불가능하고
일에 대한 검토도 불가능하다.   〈빅토르 위고〉

사람은 누구나 타인을 판단할 때 그 잣대로 삼는 자신
만의 기준을 갖고 있다. 나의 경우에는 고통의 영향을 중
요하게 여긴다. 나는 사람들이 혹독한 시련 끝에 어떤 모습
이 되는지를 고려한다. 금은 용광로에 오래 있어도 조금도
변하지 않을 것이다.   〈리처드 세실〉

이마에는 주름이 생길지라도, 마음에는 주름이 생기지
않도록 하라. 영혼은 늙지 않아야 한다.

〈제임스 A. 가필드〉

주여, 저로 하여금 꾸민 이야기로 도덕을 논하지 않도록
해주시고, 의미 없는 말을 하지 않도록 해주소서.

*제가 일을 경시하지 않을 만큼만 물질을 존중하게 해
주소서.*

제가 생명을 지닌 말(言)과 사람들을 매우 정직하게 대
할 수 있도록 도와주소서.

강물과 마찬가지로 글쓰기에도 맑은 것이 최고의 자질
이라는 것을, 그리고 작은 양의 순수한 것이 많은 양의 잡
다한 것보다 훨씬 더 가치 있다는 것을 저에게 보여주소서.

*깊은 속의 빛을 망각하지 않으면서 겉의 색깔을 보는 방
법을 저에게 가르쳐주소서.*

현실의 베틀로 인간사의 직물을 짜는 데 따를 긴장을 버
텨낼 수 있는 어떤 이상(理想)을 저에게 주소서.

제가 사람보다 책을, 생명보다 기술을 더 소중히 여기지
않도록 해 주소서.

저에게 주어진 일을 최대한 잘 처리하게 해주시고, 일이

다 처리되었을 때에는 그 자리에서 제가 멈출 수 있도록 도

와주시고, 어떠한 것이라도 좋으니 노임을 주시고, 제가 차

분한 가슴으로 감사의 기도를 올리도록 도와주소서.

〈헨리 반 다이크〉

습관은 굵은 밧줄과 같다. 매일 한 가닥씩 더해가다 보

면 언젠간 끊기가 불가능해진다.　　　　〈호레이스 만〉

사랑이 없는 삶은 식어버린 난로의 잿더미와 비슷하다. 불도 꺼지고, 웃음도 잦아들고, 빛도 사라져버린 그런 난로 말이다. 사랑이 없는 삶은 겨울 풍경과 같다. 태양은 구름 뒤로 숨고, 꽃들은 얼어붙고, 바람은 말라비틀어진 나뭇잎 들을 스쳐 지나는 그런 겨울 풍경 말이다.

신은 우리에게 다가오는 이타적인 사랑이면 모두 필요 하다는 사실을 잘 알고 있다. 사랑이란 것이 좀처럼 이타적 이지 않기 때문이다. *사랑에는 늘 동기와 가격이 붙어 있다.* 당신은 윌리엄 모리스(William Morris(1834-1896): 영국의 작가이자 건축가)를 기억하는가? 그리고 그가 다른 사람들 을 위해서 자신의 삶을 어떻게 살았으며 자신의 재산을 어 떻게 썼고 또 자신의 손을 얼마나 바삐 움직였는지 알고 있 는가? 그는 우리 시대의 '빈곤퇴치운동'과 노동자들을 위 한 협동주택 운동, 예술과 기술 부흥 운동을 이끈 인물이었 다. 그는 또 "공동선(共同善)의 전사"였다. *그가 세상을 떠 난 뒤, 그의 삶은 마치 위험한 해안 높은 곳에 우뚝 선 등대*

처럼 빛과 힘을 발하기 시작했다. 인생 만년에 그는 자신의 신조처럼 느껴지는 글을 썼다. 지금은 나의 신조가 되어 있는 글이기도 하다. "나는 당신의 길을 걷고자 합니다. 그러니 손을 맞잡고 함께 가도록 합시다. 당신은 나를 돕고, 나는 당신을 도울 겁니다. 우리는 이 세상에 그리 오래 머물지 못합니다. 곧 친절한 늙은 간호사인 죽음이 찾아와서 우리 모두를 쓰러뜨려 잠들게 할 테니까요. 우리 서로 도울 수 있는 동안에 서로 도와야 합니다."　　〈프랭크 P. 테베츠〉

무언가 노력하다가 실패하는 사람이 아무것도 하지 않아 실패도 경험하지 않은 사람보다 훨씬 더 낫다.

〈로이드 존스〉

자본은 응축된 노동이다. *노동이 건드려줄 때까지, 자본은 아무것도 아니다.* 살아 활동하는 노동자가 그 응축된 노동을 풀어놓으며 동시에 그것이 효용이나 미(美)의 형태를 띠도록 한다. 자본과 노동은 하나인데, 이 세상이 지성과 선(善) 쪽으로 가까이 다가설수록 이 둘은 더욱 가까워진다.

〈데이비드 영〉

나는 혁명이 일어나기 전에는 버지니아 주 의회에서 워싱턴 장군과 함께 일을 했고 혁명 동안에는 연방 의회에서 프랭클린 박사와 함께 일을 했다. 그러는 동안에 두 사람이 연설을 한번에 10분 이상 하는 것을 본적이 없으며, 또 문제를 해결할 핵심사항이 아닌 내용을 풀어놓는 것도 한 번도 보지 못했다.

그들은 사소한 일들은 자연히 따라오게 되어 있다는 것을 잘 알고서는 굵직한 일들을 목표로 잡았다. 만일 현재의 연방 의회가 말을 너무 많이 하는 실수를 저지르고 있다면, 국민이 변호사를 150명이나 진출시킨 의회가 어떻게 그렇지 않을 것이라고 기대할 수 있겠는가? 변호사들의 일이란 것이 모든 것에 의문을 품고, 장황하게 말을 늘어놓으면서도 정작 아무것도 내놓지 않는 것이 아닌가? 150명의 변호사가 서로 협력할 것이라고는 애초부터 기대하지 말았어야 하는 것이 아닌가.

〈토머스 제퍼슨〉

당신의 마음을 진실과 사랑으로 가득 채우도록 하라. 그러면 죄와 질병과 죽음이 거길 들어가지 못할 것이다. 이미 꽉 찬 마음에 아무것도 더 더하지 못하는 것은 지극히 당연하다. *이미 선(善)이 가득한 마음엔 악이 들어올 문도 악에게 내줄 공간도 없다.* 선한 생각들은 뚫리지 않는 갑옷과 같다. 그것으로 무장하면 당신은 온갖 종류의 죄의 공격으로부터 완벽하게 보호받을 수 있다. 당신이 안전한 것만 아니라, 당신의 생각들을 뒷받침하고 있는 그 바탕까지도 보호를 받는다.

〈메리 베이커 에디〉

순교자로 만드는 것은 죽음이 아니라 대의(大義)이다.

〈나폴레옹 보나파르트〉

“국민은 언제나 선의를 품고 있다.”는 견해에 대해 말할 것 같으면, 국민들은 언제나 자신들이 옳고 정당하다고 믿는 바를 말하고 행동한다는 관점은 인기가 있을 수는 있어도 진실일 수는 없다. ‘국민’이라는 단어는 어느 한 국가에 거주하는 모든 개인들을 일컫는다. …… 국민들 중에서 개인적으로 말과 행동을 올바르게 할 수 있는 사람들의 비중은 새천년이 시작되기 전까지는 그다지 크지 않을 것이다. 순수한 민주주의는 순수한 럼주처럼 쉽게 취하게 만든다.

나는 인간이 새천년이 열리기 전까지 말과 행동을 올바르게 하는 쪽으로 성숙할 것이라고 기대하지 않는다. 따라서 나는 실제 모습 그대로의 국민을 고려하지 않는 정치이론은 실패하게 되어 있다고 생각한다.

그럼에도 나는 어느 곳에서나 확인되는 불공정과 불필요한 차별이 모두 사라지길 바라며, 차별에 시달리는 모든 유색인종이 자유로워지고 정치적 자유를 동등하게 누릴 수 있기를 바란다.

〈존 제이〉

지금은 남자들의 영혼을 시험하는 때이다. 이 위기의 와중에 조금 있으면 많은 병사들과 애국자들이 국가를 위한 복무를 끝내게 된다. 지금 나라를 지키고 있는 그들은 국민의 사랑과 감사를 충분히 받을 만하다. 전제정치는 지옥처럼 쉬이 정복되지 않는다. 그래도 우리에겐 큰 위안이 있다. 투쟁이 격해질수록 그 승리는 더욱 영광스러워진다는 점이다. *사람들은 쉽게 얻은 것을 가벼이 여기게 마련이다. 모든 것의 가치는 그 소중함에 의해 결정된다.*

천국은 그곳의 재화에 적절한 가격을 매기는 법을 알고 있다.

자유와 같은 천국의 재화의 가격이 높게 책정되지 않는다면 그것 자체가 이상한 일일 것이다. 전제정치를 강제할 군사력을 가진 영국은 자국이 과세의 권리뿐만 아니라 "어떠한 경우에나 우리들을 결박할" 권리를 갖는다고 선언했다. 만일 그런 식으로 묶는 것이 노예제도가 아니라면, 이 지구상에 노예제도 같은 것은 없는 것이 아닌가. 그런 표현조차도 불경스럽기 짝이 없다. 왜냐하면 그처럼 무한한 권력은 신(神)의 영역이기 때문이다.

나는 미신을 거의 믿지 않는다. 그러나 나는 전능하신 신은 한 나라의 국민을 군사적 파괴 앞에 절대로 포기하지 않을 것이며 그 국민이 멸망하도록 내버려두지 않는다는 생각을 은밀히 품어왔으며 지금도 품고 있다. 온갖 지혜를 다 모아 전쟁의 재앙을 피하려고 최대한 노력한 국민이 사라지도록 신이 그냥 내버려둘 리가 만무하다. 〈토머스 페인〉

*페인이 발행한 팸플릿 '미국의 위기'(American Crisis) 중에서.

당신의 친구들이 죽을 때까지, 당신의 사랑과 친절의 단지를 봉하지 않도록 하라. 그들의 삶을 친절로 충만하게 하라. 친구들의 귀가 아직 들을 수 있고 그들의 가슴이 아직 감동을 받을 수 있는 동안에 친구들을 격려하는 말을 하고 친구들을 인정하는 말을 하라.　　　　　〈헨리 워드 비처〉

당신이 스스로의 힘으로 명예를 성취하지 않은 한 그걸 믿어서는 안 된다. 당신 자신을 맑고 밝게 가꿔나가는 것이 좋다. 당신이란 존재가 바로 당신이 세상을 보는 창이기 때문이다.　　　　　〈조지 버나드 쇼〉

비록 이 세상의 속물들이 가치를 부여하는 모든 것들이 조금 저속할지라도, 우리의 삶의 과정이 순수하고 또 우리의 행동이 선하고 옳기만 하다면, 천국에서의 보상은 전혀 필요하지 않다. 만약에 다른 세상에서의 보상이라는 자극이 사람들로 하여금 본성과 고귀한 소명에 어울리는 행동을 하도록 유도하기 위한 것이라면, 그것은 인간의 진정한 본성에 대한 어설픈 지식과 인간의 진정한 가치와 존엄에 대한 어설픈 존중에 지나지 않는다.

조금의 흔들림도 없이 자신의 진정한 본성과 존엄에 충실하게 살며 할 일을 했다는 감정과 인식 자체가 언제나 그 사람에게 최고의 보상이 되어야 한다. 그 외의 다른 외적 만족은 필요하지도 않고 요구되지도 않아야 한다. 인간의 눈 앞에 선한 행동을 유도할 미끼를 매달아놓을 때, 우리는 강화하고 촉진시켜야 할 인간 본성을 오히려 더 약화시키고 훼손시키는 결과를 낳는다. 그 미끼가 이 세상이 아닌 다른 세상에 내걸려 있다 할지라도 결과는 똑같다. 보다 훌륭한

삶을 유도하기 위해 아무리 영적인 것이라 하더라도 외적

인 자극을 이용한다면, 모든 사람이 이상적인 인류애의 표

현을 위해 갖추고 있는 적극적이고 독립적인 내면의 힘을

개발하지 못하게 된다.　　　　　　〈프리드리히 프뢰벨〉

인생의 사닥다리에는 원래 가시들이 많다. 그래도 그 가

시들이 가장 아프게 찌를 때는 언제나 그 사닥다리를 미끄

러져 내려갈 때이다.　　　　　　〈윌리엄 L. 브라운엘〉

물리적인 구조와 법에 대한 논의가 적게 이뤄지고 그 대
신에 도덕적인 법과 영적인 법에 대한 논의가 활발할수록,
도덕적 기준은 더 높아지고 사람들도 마음과 육체의 나약
함에서 더 멀리 벗어나게 될 것이다.

우리는 두려움을 조성할 것이 아니라 두려움을 극복해
야 한다. 우리의 선조들이 잘 훈련된 생리학자보다 더 강건
하고 또 우유부단한 정치인보다 더 정직할 수 있었던 것은
이 세상의 지식에 초연할 수 있었기 때문이다.

〈메리 베이커 에디〉

영원히 진실한 것은 아무것도 없다. 사람과 진실은 똑같이 노쇠해져 한 구덩이로 굴러떨어질 것이다. 왜냐하면 진실도 사람과 마찬가지로 죽을 운명을 타고 났으며 또 사람과 진실이 거북과 까마귀보다 먼저 죽기 때문이다.

둘은 동행이고 셋은 군중이라고 말하는 것은 잠정적인 진술에 지나지 않는다. 시간이 조금 지나면 그들 사이에 싫증이나 목적이나 습관이 개입된다. 만일 이때까지도 그들이 함께 있다면 그 동행은 나쁜 동행이 되어 있을 것이다.

〈제임스 스티븐스〉

어느 나라든 이 정도로만 말할 수 있으면 괜찮은 나라
이다. "가난한 사람도 행복하답니다. 그들도 무지하지 않으
며 절망을 모르고 살아가고 있습니다. 교도소는 죄수가 없
어서 텅 비었고, 거리에도 걸인이 없으며, 노인도 부족한 것
을 느끼지 못하고, 세금도 그리 높지 않습니다. 이런 합리
적인 세상이 나의 친구입니다." 이 정도라면, 그 나라는 자
국의 헌법과 정부에 대해 자랑스럽게 생각해도 좋을 것이
다.   〈토머스 페인〉

"그것은 우리 자신의 편협한 쾌락에 신경을 아주 많이 쓰다 보면 자연히 따르게 되어 있는 싸구려 행복이야. 우리는 나 자신뿐만 아니라 세상의 나머지 사람들까지도 위하는 감정과 생각을 깊고 넓게 가져야만 위대한 인물이 되고 또 고차원적인 행복을 얻을 수 있어. 그런데 이런 종류의 행복은 종종 아주 큰 고통을 수반해. 그러다 보니 우리는 그런 행복에 대해 이야기할 때에는 고통부터 먼저 떠올리게 돼. 그래도 그 행복이 다른 모든 것을 제치고 선택되는 것은 우리의 영혼이 그것이 선한 길이라는 것을 알기 때문이야.

이 세상에는 어렵고 그릇된 일들이 너무 많아. 그렇기 때문에 자신의 쾌락이나 보상에 대한 생각을 포기하고 그 대신에 힘들고 고통스런 일을 견뎌낼 힘을 얻지 않고는 누구도 위대한 존재가 될 수 없어. 아니 위대한 존재는커녕 사악한 존재가 될 위험에서 빠져나오기도 어려울 거야. 나의 아버지는 청렴을 생활화하신 위대한 분이셨어. 그는 거짓보다 가난과 무명(無名)을 선택했어. 그리고 지롤라모 사보나롤라(Girolamo Savonarola: 1452-1498)가 있어. 그는 권력의 비행(非行)에 맞서 투쟁하고 인간의 행동을 최고 수준으로 끌어올리기 위해 노력한 위대한 인물이야. 릴로, 그러니 만일 그대가 고귀하게 처신하면서 신이 인간에게 부여한 능력의 한계를 알기를 원한다면, 그대는 먼저 그대에게 닥치는 일들에 마음을 쓸 것이 아니라 그러한 목표에 그대의 마음을 맞추는 방법을 배워야 해.

그리고 기억할 게 있어. 만일 그대가 보다 저급한 무언가를 선택하면서 그대 자신의 쾌락을 추구하고 불쾌한 것을 피하는 것을 삶의 철칙으로 삼는다 하더라도, 그래도 똑같이 불행이 닥칠 수 있다는 사실을. 그런 불행이 열등감에 빠진 사람에게 닥칠 때 그 사람이 느끼는 슬픔엔 긍정적인 요소라고는 하나도 없어. 그러면 그 사람은 '나라는 인간은 태어나지 말았어야 했는데' 하며 탄식하게 될 거야. 릴로, 또 해 줄 말이 있어."

그러면서 로몰라는 잠시 말을 끊었다. 그녀는 두 손으로 릴로의 뺨을 감쌌다. 날카로운 그의 두 눈이 그녀의 눈을 빤히 바라보고 있었다.

"나와 매우 가까운 사람이 있었어. 그래서 그 사람의 삶을 깊이 들여다볼 수 있었어. 삶의 방식 때문에 거의 모든 사람이 그를 좋아했어. 그는 젊고 똑똑하고 아름다웠으며, 모든 사람들에게 점잖고 친절하게 대했어. 나도 처음 그를 알게 되었을 때 그 사람은 잔인하거나 비열한 것은 전혀 생각하지 않는 사람이라는 인상을 받았어. 그러나 그는 언짢은 것이면 무엇이든 피하려 했고, 자기 자신의 안전밖에 생각하지 않았어. 그러다 보니 결국에는 비열한 행동을 하지 않을 수 없게 되더군. 남자로서 수치스러운 행동까지 하게 된 거야. 그는 자기 아버지까지 부정하며 비참하게 살도록 내버려두었고, 자신의 내면의 모든 신뢰를, 자신을 안전하고 부유하고 번창하도록 만들어 줄 신뢰까지 저버리더군. 그래도 재앙은 그를 비켜가지 않았어."

여기서 로몰라는 다시 말을 끊었다. 그녀의 목소리는 떨

리고 있었고, 릴로는 경외의 눈빛으로 그녀를 바라보고 있
었다. "릴로, 다음에, 다음에 또 이야기해 줄게."

〈조지 엘리엇〉

* '로몰라'(Romola)의 에필로그 중에서

✢

책이야말로 진정한 평등주의자이다. 책들은 자신을 충
실하게 이용하는 모든 사람들에게 우리 인간들 중에서 가
장 선하고 가장 위대한 인물들의 지적 및 영적 세계를 공
평하게 펼쳐 보인다. 　　　　　　〈윌리엄 엘러리 채닝〉

인간은 육상동물이다. 육상동물은 땅 없이 살 수 없다. 인간이 생산하는 모든 것은 땅에서 나온다. 모든 생산노동도 종국적으로 분석해보면 땅이나 땅에서 나온 재료를 갖고 인간의 필요나 욕구를 충족시킬 형태로 바꾸는 것이다.

흙의 자식인 우리는 흙에서 와서 흙으로 돌아가야 한다. 인간에게서 땅에 속하는 것을 모조리 빼앗아 보라. 그러면 영혼 외에 무엇이 더 남는가? 그러므로 다른 인간에게 생계수단과 피난처를 제공하는 땅을 가진 자야말로 그 다른 인간의 주인이고, 다른 인간은 그의 노예이다. 내가 발을 딛고 살아야 하는 땅을 가진 존재는 나의 생사여탈권을 쥐고 있다. 재산을 처분하듯 할 수 있는 것이다.

노예제도를 폐지했다고! 아니, 우리는 노예제도를 폐지하지 않았다. 단지 잔혹한 형태의 노예제도인 '동산 노예제도'(chattel slavery: 노예해방이 이뤄지기 전의 미국의 노예제도가 여기에 속한다. 노예를 재산으로 여겼고, 노예의 자식들은 당연히 노예가 되었다/옮긴이)를 폐지했을 뿐이다. 이 세상에는 그보다 더 음흉하고 더 교활한데도 아직 폐지되지 않고 있는 노예제도가 있다. 산업 노예제도는 자유라는 이름으로 인간을 조롱하고 놀리면서 사실상의 노예로 만들고 있어 더욱 악랄하다.　　　　〈헨리 조지〉

정치꾼(politician)은 다음 선거를 생각하고, 정치가(statesman)는 다음 세대를 생각한다.

〈제임스 프리먼 클라크〉

교역을 보호하기 위해 해군을 둔다는 생각은 착각이다. 그것은 보호의 수단을 제시해야 할 때 파괴의 수단을 제시하는 것이다.

교역은 모든 국가가 교역을 하면서 얻는 상호이익 외에 다른 보호조치는 전혀 필요로 하지 않는다. 교역은 모든 국가들에게 이로운 균형에 의해서 존재한다. 교역이 직면하는 유일한 방해물은 지금처럼 문명화되지 않은 정부이다. ………

교역의 세계에서 홀로 번창하는 국가는 있을 수 없다. 어느 국가든 교역에 동참할 수 있다. 어느 한 나라의 파괴는 나머지 모든 나라에 영향을 미치게 되어 있다. 그러므로 정부들이 전쟁을 치를 때, 그 공격은 바로 교역을 향한 것이고 따라서 각국이 자국의 교역을 공격한 것이나 마찬가지이다.

어느 한 국가의 번영은 나머지 국가들의 번영에 좌우된다. 만일 나머지 국가들이 빈곤하다면, 그 국가도 부유할 수

없다. 그 국가가 처한 조건은 곧 다른 국가들의 교역 수준

을 보여주는 지표이다.   〈토머스 페인〉

남자가 여자의 품위를 떨어뜨리면, 남자의 품위도 반드

시 함께 떨어지게 되어 있다. 남자가 여자의 품위를 높이면,

남자의 품위도 반드시 함께 높아지게 되어 있다.

                              〈알렉산더 워커〉

천재성을 지닌 사람이 신바람이 나서 어떤 일에 몰두하고 있을 땐, 절대로 그의 의견에 맞서지 않도록 하라. 그가 자신의 정신세계를 마음껏 확장하도록 가만 내버려두라. 그가 드넓은 들판을 마음대로 떠돌도록 하는 것이다. 비록 여러 가지가 복잡하게 뒤섞여 있을지라도, 그가 주변의 방해를 받을 때보다 자기 혼자서 사고의 폭을 자유로이 넓히며 생각할 때에 훨씬 더 멋진 이야기들을 더 많이 들려줄 것이다. 페가수스(Pegasus: 그리스 신화에 등장하는 날개 달린 말/옮긴이)가 담대하게 날아오르도록 하라. 그러면 페가수스가 당신을 그때까지 알지 못했던 곳으로 높이 올려다줄 것이다. 〈칼 폰 린네〉

오후 9시에 잠자리에 드는 것을 습관으로 들인 사람은 대체로 부자가 되고 거의 예외 없이 신뢰할 만하다. 물론 잠을 일찍 청하는 것이 그 사람을 부자로 만들지는 않는다. 단지 그런 사람은 아침에 일찍 일어나서 하루 종일 일을 열심히 하기 때문에 잠을 일찍 자지 않을 수 없다는 의미에서 하는 말이다. 건달들은 밤에 일을 하고, 정직한 사람들은 낮에 일을 한다. 그건 순전히 습관의 문제일 뿐인데, 미국에서는 좋은 습관은 누구에게나 부를 안겨준다. 부는 주로 멋진 습관의 결과이다.

〈존 제이콥 애스터〉

ꮜꮜ

'천지창조'라는 거대한 물음은 인간의 지능이 답하기 어려울 정도로 심오하다는 느낌이 든다. *강아지가 뉴턴의 정신에 대해 골똘히 생각하는 것이나 마찬가지가 아니겠는가!* 그러니 우리 모두 자신이 할 수 있는 것을 바라고 믿도록 하자.　　　〈찰스 다윈〉

ꮜꮜ

거대한 재산을 일구려면 두둑한 배짱과 엄청난 주의가 동시에 요구된다. *그러나 그렇게 일군 뒤에 그 부를 지켜나가는 것은 부를 축적할 때보다 열 배나 더 많은 지혜가 요구된다.*　　　〈메이어 A. 로스차일드〉

사람이 죽어 저승에 가면, 재판관인 천사들이 그의 얼굴을 직시한 다음에 손가락 끝에서부터 발가락 끝까지 신체의 구석구석을 다 살핀다고 한다. 나는 이 이야기를 듣고 깜짝 놀랐다. 천사가 죽은 자의 신체를 두루 살피는 이유는 이렇다.

사람의 의지나 생각은 몽땅 뇌에 각인된다. 의지와 생각이 뇌에서 처음 시작하여 신체의 각 부위로 전달되어 거기서 마무리된다. 그러므로 마음에 일어난 일은 무엇이든 뇌에 남고, 뇌에서 각 신체 부위로 흘러간 흔적도 고스란히 남는다. 사람은 자신의 삶을 자신의 육체에 기록하고 있다. *그러기에 천사들은 죽은 자의 신체 구조에서 그의 자서전을 읽어내는 것이다.* 〈에마누엘 스베덴보리〉

행복 자체가 충분한 변명이 된다. 아름다운 것들은 옳고 진실하다. 그렇기 때문에 아름다운 행동은 신을 즐겁게 하는 행동이다. 현명한 사람은 아름다운 것이 어떤 것인지를 내면적으로 알고 있으며, 지고한 지혜는 이 직관을 믿고 따르는 것이다. 무엇이 옳은가 하는 질문에 대한 대답은 그 사람의 가슴 안에 있다. 그러니 너 자신을 믿도록 하라.

〈아리스토텔레스〉

오직 하나의 신이 있을 뿐이다. 그 신은 알라인가, 아니면 여호와인가? 팜트리(palmtree: 야자나무)는 간혹 데이트트리(datetree: 대추야자나무)라고도 불리지만 나무는 한 나무다.

〈벤저민 디즈레일리〉

과학적 증거라는 규범은 우리가 도덕과 종교의 기반이 된 사상을 받아들이는 것도 정당화하지 못하고 거부하는 것도 정당화하지 못한다. 이런 논쟁의 당사자들은 똑같이 헛수고를 하고 있다. 그들은 자신들의 그림자를 걱정하고 있다. 왜냐하면 그들이 자연의 영역에서 추측의 영역으로 옮겨갔기 때문이다. *추측의 영역엔 독선적인 그들이 이해할 수 있는 것이라곤 아무것도 없다.* 거기선 그들이 산산조각 내고 있는 그림자들이 어느 한 순간에 다시 모여 커지면서 냉혹한 전투를 다시 즐긴다.

형이상학은 더 이상 종교와 도덕의 초석이라고 주장할 수 없다. 그러나 형이상학은 도덕의 세계를 떠받치는 아틀라스 신은 될 수 없지만 그래도 마법의 방위수단이 될 수는 있다. 형이상학은 종교 사상들 주위에 눈에 보이지 않는 성채를 쌓는다. 그러면 회의론자들의 검과 유물론자들의 창이 날아와 아무런 해를 입히지 못하고 성벽에 맞아 떨어질 것이다. 〈이마누엘 칸트〉

우리는 지적인 존재들이다. 지적인 존재들이 맹목적이
고 무감각한 존재에 의해 만들어질 수는 없었을 것이다. 아
둔한 사람의 생각과 뉴턴의 생각 사이에는 확실히 차이가
있다. 뉴턴의 지성은 보다 훌륭한 '지성적 존재'에게서 왔
다.   〈볼테르〉

성경이 '닫힌 책'이고 과거가 '영감의 시대'라는 주장
에 신학의 악덕이 보인다.   〈랄프 왈도 에머슨〉

성직자들은 앞을 보지 않고 뒤를 본다. 그들은 옛날 사람들이 지금 사람보다 더 선하고 더 지혜로웠다고 생각한다. 따라서 성직자들은 지금 이 시대를 살고 있는 사람들을 불신하고 우리가 죽은 자들의 지배를 받아야 한다고 고집한다. 나는 이것이 잘못이라고 믿고 있으며 그래서 교회에 반대하는 입장을 취한다. 나는 사람들이 자기 자신의 삶을 자신의 방식대로 살 권리를 갖는다고 주장한다. 당연히 다른 사람들에게도 그들의 방식대로 살 권리를 부여해야 한다.

〈주세페 가리발디〉

이상(理想)은 별과 같다. 당신은 손으로는 결코 별을 따지 못한다. 그러나 망망대해를 항해하는 뱃사람처럼, 당신은 별들을 당신의 길잡이로 선택하여 따라가면서 당신의 운명에 닿을 수 있다.

〈카를 슈르츠〉

나는 곤경에 처해서도 미소를 지을 수 있는 사람을 사랑하고 절망에서도 힘을 끌어내고 반성을 통해 용감해질 줄 아는 사람을 사랑한다. 움츠러드는 것은 소심한 사람들의 문제이다. 그러나 자신에 대한 믿음이 강하고 또 양심에 따라 행동하는 사람은 죽을 때까지 자신의 원칙을 추구할 것이다.

〈토머스 페인〉

내 인생의 기쁨은 함께 어울려 살았던 모든 사람들의 아낌없는 사랑과 결코 시들 줄 모르는 친절로 인해 몇 배 더 컸다. 그리고 나에게 더없이 따뜻한 눈길을 보내준 수많은 사도(使徒)들과의 인연도 나의 인생을 한껏 풍성하게 가꾸어주었다. 그렇게 인연을 맺어오는 가운데 나는 사도들에게 '이름'이 인간의 자립심과 모든 주제에 대한 자유로운 사고에 미치는 악영향에 대해 조심하라고 자주 경고했다.

그럴 때면 나는 이름에 덧씌워진 권위가 인류 역사를 내려오면서 인간에게 해악을 가장 많이 끼쳤다는 사실을 설득시키는 데 어려움을 매우 많이 겪었다. 그 폐해 때문에 오늘날 인간의 지능이 많이 약해졌으며 그 결과 정신적 능력과 자립심이 크게 훼손되었다. *진리는 그 자체로 우뚝 서는 것이지 이름 같은 것을 전혀 필요로 하지 않는다. 진리는 스스로를 지탱한다.*

그러나 거짓과 오류는 사회 안에서 그 생명력을 계속 유지하고 또 혼자 힘으로 생각하거나 반성해보지 않은 사람들을 사로잡기 위해 이름의 권위가 필요했다.

이름에 덧씌워진 권위의 유해한 영향이 없었더라면, 개인의 이해관계들과 국가의 이해관계들이 서로 충돌을 빚는, 거짓되고 무지하고 부당하고 잔인하고 불행을 야기하는 체제는 긴 세월 동안 내려오지 못했을 것이다.

전 세계에서 개인들과 부족들과 국가들이 서로 협력하는, 진실하고 계몽되고 정의롭고 경제적이고 자애롭고 행복을 낳는 그런 체제가 오래 전에 발견되었을 것이고, 지금쯤은 천년왕국이 이 땅 위에서 활짝 꽃을 피웠을 것이다.

공자와 브라흐마, 모세, 예수, 마호메트 등등. 이 이름들이 야기한 구분과 증오, 불행, 무시무시한 육체적 및 정신적 고통이 얼마나 컸던가! 만일 이들 중 누군가가 자신의 이름이 추종자들과 사도들에게 이런 분열과 증오와 고통을 야기할 수 있다는 사실을 상상할 수 있었더라면, 선하고 좋은 의도를 품었던 이 존재들은 정신의 단결을 통해서만 행복해질 수 있는 인간들 사이에 그렇게 무서운 증오를 심었다

는 사실을 매우 유감스럽게 생각했을 것이다.

〈로버트 오언〉

감옥을 지을 때는 당신과 당신의 자식이 거기에 들어갈

수 있다는 생각으로 짓도록 하라.

〈엘리자베스 프라이〉

무엇이 사람을 고귀하게 만드는가? 희생은 아니다. 왜냐하면 극도의 호색가도 희생을 할 수 있기 때문이다. 열정을 따르는 것도 아니다. 왜냐하면 일부 열정은 창피스럽기 때문이다. 이기심을 버리고 다른 사람들을 돕는 것도 아니다. 왜냐하면 그것이 바로 최고의 결실을 얻을, 고귀한 자의 이기심일 수도 있기 때문이다. 그런 것은 절대로 아니다. 그러나 열정의 어떤 부분, 이를테면 특별하면서도 의도적이지 않은 것, 귀하고 독특하고 광기에 가까운 어떤 통찰력, 다른 사람들이 냉담하다고 느끼는 것들에서 따뜻한 느낌을 받는 감각, 가치 평가가 이뤄지지 않은 것에서 가치를 느낄 줄 아는 안목, 자신이 모르는 신에 봉헌된 제단에도 제물을 바칠 줄 아는 너그러움, 어떠한 보상도 요구하지 않는 용기, 사람과 사물을 결합시킬 줄 아는 자부심. 이런 것들이 사람을 고귀하게 만드는 요소들이다.　　　　　　　　　　　〈프리드리히 빌헬름 니체〉

현명한 사람은 자신이 과거의 후예임과 동시에 미래의
부모라는 점을, 그리고 자신의 생각들은 자신에게서 태어
난 아이들과 같기 때문에 신경을 쓰지 않아 죽는 일이 없어
야 한다는 것을 기억해야 한다.

〈허버트 스펜서〉

인생에서 기회를 잡아야 하는 때를 아는 것 다음으로 중
요한 것은 이익을 놓아야 할 때를 아는 것이다.

〈벤저민 디즈레일리〉

1742년 4월 18일 정오에 '메시아'의 초연이 닐의 뮤직
홀에서 열렸다. 당시에 조금 우스꽝스러워 보이던 패션과
관련하여, 다음과 같은 내용의 초대장이 보내졌을 것이다.
"이 자리에 직접 참석하시어 공연을 빛내 주실 부인들께서
는 치마 안에 장식용 테를 하시지 않기를 바랍니다. 그러면
더 많은 사람들이 감상할 공간이 생길 테니까요."

이 작품은 대성공을 거두었다. 첫날에만 더블린 자선단
체를 위한 기부금이 400파운드나 걷혔다. 게오르크 프리드
리히 헨델(George Frideric Handel)은 자신의 걸작인 이 작
품에 대해 언제나 특별한 감정을 느끼는 것 같았다. 마치 이
작품은 너무나 신성하기 때문에 다른 작품들처럼 돈을 버
는 목적에 이용될 수 없다는 식이었다.

이와 관련하여, 헨델이 한 멋진 말을 되새겨보고 싶다.
키눌 경(Lord Kinnoul)이 그에게 '메시아'가 전체 도시에
선사한 "즐거움"에 대해 치하했다. 그러자 헨델은 이렇게
대답했다. "도시의 시민들이 즐기도록 하기만 했다면 참으

로 유감스런 일입니다. 나는 시민들을 더 훌륭한 존재로 만들기를 바라고 있습니다."

누군가가 그에게 할렐루야 합창을 작곡할 때의 감정에 대해 묻자, 그는 특이한 억양의 영어로 이렇게 말했다. "내 앞에 천국이 펼쳐지고 있다는 생각이 들었어요. 위대한 신도 보이는 것 같았고요."

늙은 조지 3세(George Ⅲ)도 이 오라토리오 속의 전원교향곡을 묘사하면서 멋진 말을 남겼다. "작품 안에서 별들이 반짝이는 게 보였다."

이 코러스가 연주되는 동안에 청중이 기립하는 관습이 생겨난 데는 다음과 같은 사연이 있다. 런던에서 처음 공연될 때, 청중은 그 음악의 전반적인 흐름에 큰 충격을 받았다. 그런 가운데 '할렐루야' 속의 합창이 "전능하신 주님을!" 하고 터져 나오자, 청중은 황홀경에 빠진 나머지 (우연히 그 공연을 감상하고 있던) 왕과 함께 벌떡 일어나 합창이 끝날 때까지 서 있었다. 〈제임스 비티〉

오늘 최선의 삶을 살고 최선의 행동을 하고 최선의 생각
을 하도록 하라. 왜냐하면 오늘이야말로 내일과 또 그 뒤에
이어질 다른 내일들을 위한 가장 확실한 준비이기 때문이
다.   〈하넷 마티노〉

침대에서 몸을 뒤척이기 시작할 때, 그때가 바로 잠자
리에서 일어날 때이다.   〈웰링턴 공작〉

현명한 사람과 무식한 사람의 중요한 차이는 현명한 사람은 무식한 사람이 모르는 영역을 안다는 데 있지 않다. 그보다는 무식한 사람이 그저 보기만 하는 것을 현명한 사람은 이해한다는 것이 중요한 차이이다.　　〈스타 킹〉

우리는 불행과 행복을 똑같이 과장한다. 우리는 결코 말로 하는 것만큼 행복하지도 않고 불행하지도 않다.

〈오노레 드 발자크〉

신(新)플라톤주의는 진보적인 철학이며 무한히 넓은 마음을 가진 인간들에게 종국적인 조건을 제시하려 하지 않는다. 삶은 하나의 과정이며, 여행을 멀리까지 한 사람일수록 더 많은 진리를 이해할 수 있다. 가까이 있는 것을 이해하는 것이 멀리 있는 것을 이해하는 가장 멋진 준비이다.

〈히파티아〉

사업의 성공 혹은 실패는 정신적 능력보다는 정신적 태도에 더 많이 좌우된다.　　　　　　〈월터 딜 스콧〉

체리를 먹을 때마다 그것을 더 크고 더 먹음직스럽게 보이게 하기 위해 반드시 안경을 끼는 사람이 있다. 마찬가지로 나도 언제나 즐거움을 극대화한다. 곤경에 처하게 되면 나는 거기에 눈길을 아주 안 주는 것은 아니지만 그래도 문제를 혼자서 최소화하려고 애를 쓴다. 그래야 다른 사람들을 성가시게 하지 않을 테니까.　　〈로버트 사우디〉

정의는 신의 왕국과 비슷하다. 정의는 우리의 밖에 있는 어떤 사실이 아니다. 정의는 우리의 내면에 있는 어떤 위대한 포부이다.　　〈조지 엘리엇〉

우리의 사회적 삶은 기본적으로 정의가 힘을 누르고 승
리를 얻어가는, 오래고 힘든 노력이다.

〈존 골즈워시〉

어떤 훌륭한 대의를 위해 언제라도 자신의 육신과 행
복과 생명을 던질 각오가 되어 있지 않은 사람들은 절대로
유능할 수 없다.　　　　　　　　　〈시어도어 루즈벨트〉

확실하게 믿기 위해선 먼저 의심부터 해야 한다.

〈스타니스와프 레슈친스키〉

불멸을 준비하는 길은 한 가지밖에 없다. 그것은 이승

에서 삶을 사랑하고 그 삶을 최대한 용감하고 충실하고 즐

겁게 살아가는 것이다.　　　　　〈헨리 반 다이크〉

사랑은 눈에 보이지 않게 온다. 사랑은 떠나가는 것만

보인다.　　　　　〈오스틴 돕슨〉

최고의 승리는 자기 자신을 정복하는 것이다. 반면 자기 자
신에게 정복당하는 것은 가장 수치스럽고 비열한 일이다.

〈플라톤〉

신은 인간에게 하늘을 살피고 별들을 올려다보라고 직
립의 자세를 주었다. 〈오비디우스〉

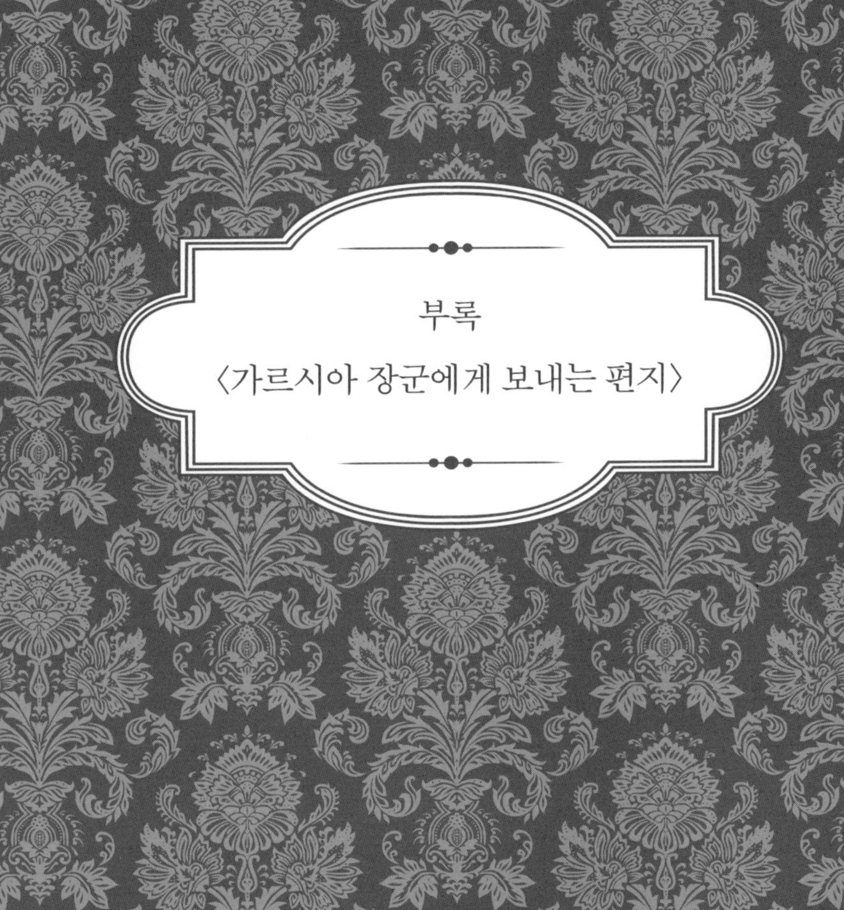
부록
〈가르시아 장군에게 보내는 편지〉

〈작품의 탄생에 대해〉

아주 짧은 소품인 '가르시아 장군에게 보내는 편지'(A Message To Garcia)는 저녁 식사를 끝낸 후 한 시간 만에 쓴 글이다. 그날은 조지 워싱턴(George Washington)의 생일날인 1899년 2월 22일로, '필리스틴' 잡지 3월호를 찍기 직전이었다.

고된 일과를 끝낸 뒤였는데도 이야기 자체가 워낙 뜨거워서 그랬는지 글이 가슴에서 술술 풀려나왔다. 그때 나는 다소 태만한 이웃들이 나태한 생활태도를 버리고 능동적인 삶을 살도록 이끌려고 노력하고 있었다.

이 글이 쓰이게 된 직접적 계기는 찻잔을 앞에 놓고 벌인 사소한 토론이었다. 당시 나의 아들 버트(Bert)가 로완(Andrew Summers Rowan(1857-1943): 미국과 스페인이 전쟁을 벌일 때 가르시아(Calixto García) 장군(1839-1898: 3차례의 쿠바 독립 전쟁에서 쿠바 반란군 지도자로 활약한 인물)이 이끌던 쿠바 반란군과 미국 사이의 연락을 책임진 미 육군 장교/옮긴이)이야말로 쿠바 독립전쟁의 진정한 영웅이라고 주장했다. 로완은 가르시아 장군에게 서신을 전달하는 임무를 홀로 완벽하게 수행해낸 인물이다.

순간 어떤 생각이 번개처럼 머리를 때렸다. 그래, 이 아이의 말이 맞아. 자신의 임무를 충실히 해내는 사람이야말로 진정한 영웅이야. 가르시아 장군에게 편지를 전달한 바로 그 사람이 영웅이야. 나는 자리에서 벌떡 일어나 '가르시아 장군에게 보내는 편지'를 써 내려갔다. 그랬으면서도 나는 이 글을 대수롭잖게 여겨 제목도 달지 않은 상태로 잡지에 실었다. 잡지가 가판대에 깔렸다. 곧 '필리스틴' 3월호를 추가로 보내달라는 주문이 들어오기 시작했다. 20부, 50부, 100부……. 그러다 아메리칸 뉴스 컴퍼니에서 1,000부나 주문하는 게 아닌가. 그래서 나는 일을 도와주던 사람에게 그처럼 뜨거운 센세이션을 불러일으키고 있는 글이 도대체 무엇인지 물었다. 그 사람은 나에게 "가르시아 장군에 보내는 밀서(密書)에 관한 글입니다."라고 대답했다.

이튿날 뉴욕 센트럴 레일로드(New York Central Rail-road)의 조지 H. 대니얼스(George H. Daniels)로부터 다음과 같은 내용의 전보가 왔다. "뒷면에 엠파이어 스테이트 익스프레스 광고를 싣고 로완에 관한 글만을 팸플릿으로 10만부 찍으면 가격이 얼마인지 알려주길. 아울러 책이 도착할 예정일까지."

나는 가격을 제시하면서 그만한 양의 팸플릿을 공급하려면 2년은 걸린다고 대답했다. 당시 우리 출판사의 시설이 아주 열악했기 때문에 10만 부는 그야말로 어마어마한 양이었다.

대니얼스와 상의한 끝에 그가 원하는 형태로 직접 인쇄하는 것으로 합의를 보았다. 그는 이 작품을 자그마한 책자로 우선 50만 부를 찍었다. 아마 50만부 씩 두세 차례 찍었을 것이다. 그 외에도 이 작품은 200개 이상의 잡지와 신문에 게재되었으며 또한 거의 모든 언어로 번역되었다.

대니얼스가 '가르시아 장군에게 보내는 편지'를 널리 배포하고 있을 때, 마침 러시안 레일웨이즈(Russian Railways)의 이사 힐라코프(Hilakoff) 왕자가 미국에 머물고 있었다. 힐라코프 왕자는 뉴욕 센트럴 레일로드의 손님으로 대니얼스의 안내를 받으며 미국을 여행하고 있었다. 이 왕자도 작은 책자를 보았고 거기에 관심이 있었다. 아마도 대니얼스가 엄청난 부수로 찍고 있다는 사실이 그의 호기심을 자극했을 것이다. 여하튼 그는 러시아로 돌아가서 이 작품을 러시아어로 번역해 러시아의 철도 종사자들 모두에게 한 부씩 돌렸다.

다른 나라들에서도 이 작품에 관심을 보였다. 이 작품은 러시아를 거쳐 독일과 프랑스, 스페인, 터키, 인도와 중국으로 전해졌다. 러시아와 일본이 전쟁을 벌이는 동안에 전선의 모든 러시아 병사들에게 '가르시아 장군에게 보내는 편지'가 한 권씩 주어졌다. 당시 일본인들은 포로로 잡은 러시아 병사들의 소지품에서 소책자를 발견하고는 그것이 훌륭한 작품임에 틀림없다고 판단하고 일본어로 번역했다.

이어 일본 최고 지도자의 지시로, 일본의 공무원과 군인들에게도 한 부씩 배부되었다. 이런 식으로 하여 '가르시아 장군에게 보내는 편지'는 4,000만 부 이상 찍게 되었다. 인류 역사에서 작가의 생전에 이보다 더 많은 부수를 찍은 작품은 아직까지 없다. 이 모든 것은 행운이 연달아 이어진 결과였다.

1913년 12월

엘버트 허버드

〈가르시아 장군에게 보내는 편지〉

쿠바와 관련한 모든 활동을 되돌아보면, 나의 기억의 지평선엔 마치 태양에 가장 가까이 다가섰을 때의 화성처럼 유독 두드러지는 인물이 한 사람 있다.

스페인과 미국 사이에 전쟁이 발발했을 때, 쿠바 내에서 쿠바 독립을 위해 활동하던 반란군 지도자와 신속히 연락할 필요성이 대두되었다. 그때 가르시아는 쿠바의 넓은 산악지대 어딘가에 있었다. 그가 어디 있는지 아는 사람은 아무도 없었다. 우편도, 전보도 그에게 닿지 못했다. 미국 대통령은 그의 협력을 확보해야 했다. 그것도 신속히. 과연 어떻게 할 것인가!

누군가가 대통령에게 이렇게 말했다. "각하, 로완이라는 친구가 있습니다. 만일 사람이 할 수 있는 일이라면, 그 사람은 반드시 가르시아를 찾아내고 말 것입니다."

이리하여 로완은 가르시아에게 전달할 편지를 몸에 지닌 채 그를 찾아 길을 떠났다. "로완이라는 이름의 친구"가 편지를 받아 방수포 주머니에 넣고 봉한 뒤 그 주머니를 가슴에 동여매고 작은 배를 타고 4일 만에 야음을 틈타 쿠바 해안에 상륙해 정글 속으로 사라졌으며, 그리고 적대적인 나라를 도보로 가로질러 가르시아에게 편지를 전달하는 임무를 완벽히 수행했다는, 말하자면 그가 정글로 들어간 3주 뒤에 쿠바 섬의 반대편에 나타났다는 사실은 내가 여기서 상세히 이야기하고자 하는 것과는 거리가 멀다. 내가 강조하길 원하는 것은 바로 이 점이다. 맥킨리(William McKinley: 제25대 미국 대통령)가 가르시아에게 전달해야 할 편지를 로완에게 주었고, 로완은 그 편지를 받으면서 "그 사람은 지금 어디 있습니까?"라고 묻지 않았다는 사실이다.

영원히 본보기로 삼아야 할 인물! 세월의 풍파를 이겨 낼 청동으로 동상을 만들어 이 땅의 모든 대학교에 세워야 할 인물이 있다. 지금 젊은이들에게 필요한 것은 책상머리에서 책으로 배우는 것도 아니고 이런저런 것에 관한 가르침도 아니다. 어떤 믿음에 충직하고 즉시 행동으로 옮기며 주어진 일에 힘을 집중하는 강직한 태도가 필요하다. 말하자면 맡은 임무를 수행하는 것이, "가르시아 장군에게 편지를 전달하는 것"이 필요하다는 뜻이다.

지금 가르시아 장군은 이 세상 사람이 아니다. 그러나 다른 가르시아들이 있다. 많은 사람의 손이 필요한 어떤 일을 수행하려 해본 사람이라면 예외 없이 보통 사람들의 유약함에 크게 놀랐을 것이다. 평균적인 사람들이 정신을 집중하여 어떤 일을 처리하지 못하거나 안 하려 드는 성향을 보면 가히 놀랄 정도이다.

무성의하게 보조적인 일이나 하고, 정성을 쏟지 않고 무관심하게 일을 얼렁뚱땅 처리하는 것이 무슨 규칙처럼 자리 잡은 듯이 보인다. 미끼나 올가미나 협박으로 다른 사람들을 강제하거나 뇌물을 먹이지 않으면, 어떠한 일도 처리할 수 없다. 그렇게 하지 않았는데도 성공을 거두었다면 아마 신이 기적을 발휘하여 그 사람에게 보조자로 '빛의 천사'를 보낸 경우일 것이다.

독자 여러분도 직접 이 문제를 시험해볼 수 있다. 여러분이 지금 사무실에 있다고 가정해보자. 당신이 부를 수 있는 거리에 직원이 6명이나 있다. 그 중에 아무나 불러서 이렇게 부탁해봐라. "백과사전을 뒤져 코레지오의 생애에 대해 간단히 메모 좀 해줄래?" 그러면 그 직원은 "예, 알겠습니다."라고 말한 뒤 그 임무를 수행할 것 같은가?

틀림없이, 그 직원은 그렇게 하지 않을 것이다. 그는 물고기의 눈으로 당신을 쳐다보면서 다음과 같은 질문 중 하나 이상을 물을 것이다.

"어떤 사람입니까?"

"어느 백과사전 말씀입니까?"

"백과사전은 어디 있어요?"

"그런 일 시키려고 저를 고용했습니까?"

"혹시 비스마르크 아닌가요?"

"찰리에게 시키면 안 될까요?"

"죽은 사람입니까?"

"급한 일입니까?"

"백과사전을 갖다 드릴 테니 직접 찾으시는 것이 어떻
겠습니까?"

"알고 싶은 것이 뭡니까?"

십중팔구 당신이 이런 물음에 대답을 하고 또 정보를 찾
는 방법과 당신이 그것을 원하는 이유를 설명한 뒤에도, 그

직원은 다른 직원에게 가서 가르시아를 찾는 것을 도와달라고 부탁했다가 당신에게 돌아와서 그런 사람은 없다고 말할 것이다. 물론 나의 예상이 틀릴 수도 있다. 그러나 평균적으로 보면, 이 내기에서 내가 지지 않을 것이다.

이쯤에서 만일 현명한 사람이라면, 당신은 "보조 일에 만족하는 직원"에게 '코레지오'는 K 항이 아니라 C 항에서 찾아야 한다는 식으로 귀찮게 설명하지 않고 아주 부드러운 미소와 함께 "괜찮아, 됐어."라고 말한 뒤 직접 찾을 것이다. 독립적으로 행동하지 못하는 무능력과 도덕의 부재, 의지박약, 더 높은 곳에 닿겠다는 의지의 결여 등등. 이런 것들이 순수한 사회주의를 아직 먼 미래의 일로 만드는 요소들이다. 사람들이 자신에게 이로운 일조차도 제대로 하지 않으려 드는 마당에, 노력에 따른 결실이 모든 사람들에게 돌아갈 때 과연 사람들이 그런 노력을 하려 하겠는가?

선박의 속도계를 쥔 일등 항해사가 필요하다. 많은 근

로자들이 토요일 밤에 해고통지서를 받게 되지 않을까 하는 두려움 때문에 자리를 지키고 있다. 속기사를 구한다는 광고를 한번 내봐라. 그러면 지원자의 10명 중 9명은 철자도 제대로 못 쓰고 띄어쓰기도 제대로 못할 것이다. 그런 사람들은 철자와 띄어쓰기 같은 것은 필요하지도 않다고 생각한다.

그런 사람이 과연 가르시아 장군에게 보낼 편지를 쓸 수 있겠는가?

어느 큰 공장의 십장이 나에게 "저기 저 경리사원 보이시죠?"라며 말을 걸었다.

"예. 그런데?"

"저 친구는 회계원으로는 아주 훌륭합니다. 그런데 시내로 심부름을 보내기만 하면, 일을 곧잘 처리할 친구인데도 이상하게 가는 길에 오락실을 서너 군데 들릴 겁니다. 그런 식으로 가다가 메인 스트리트에 도착하면 자신이 무슨 일로 거기에 왔는지 까먹곤 해요." 이런 사람에게 가르시아 장군에게 보낼 편지를 맡길 수 있겠는가?

최근 들어 "공장에서 힘겹게 일하는 노동자들"과 "일자리를 찾고 있는 떠돌이 노숙자들"에게 값싼 동정을 표현하는 소리가 자주 들리고 있다. 그와 동시에 권력을 쥔 자들을 비난하는 소리가 들린다.

너저분한 식충이들이 지적인 작업을 할 수 있도록 헛되이 노력하다 폭삭 늙어버린 고용주들에 대해서는 아무런 말이 없다. 고용주가 등을 보이기만 하면 빈둥거리기나 할 "보조원들"인데도 그런 인간들의 도움을 받으려 인내심 있게 노력하는 고용주의 수고에 대해서는 아무런 말이 없다.

어느 가게나 공장을 가도 거기에는 수준이 떨어지는 직원들을 제거하는 과정이 끊임없이 전개되고 있다. 고용주는 사업의 이익을 향상시킬 능력이 없는 "보조원"을 내보내고 그 자리를 다른 사람으로 채우고 있다. 경기가 아무리 좋은 때라도 이런 식으로 옥석을 가리는 과정은 이어진다. 만일 시절이 힘들고 일이 귀해지면, 단지 이 분류 과정이 더 엄격하게 이뤄질 것이다. 그러나 제거되는 사람은 언제나 무능하고 무가치한 사람들이다. 그것이 바로 적자생존이다. 이기심이 모든 고용주로 하여금 최고의 직원을 지키도록 만든다. 말하자면 가르시아 장군에게 편지를 전달할 수 있는 사람들을 계속 고용하는 것이다.

내가 아는 한 사람은 정말 똑똑한데도 다른 사람들에게는 전혀 아무런 가치를 지니지 못하며 그렇다고 자신의 사업을 직접 꾸릴 능력이 있는 것도 아니다. 그가 그렇게 된 이유는 고용주가 자신을 억누르거나 억누르려 한다는 몰상식한 의심을 한시도 놓지 않기 때문이다. 그는 명령을 내리지도 못하고 남의 명령을 수행하지도 못할 것이다. 그런 그에게 가르시아 장군에게 전달할 편지가 주어진다면, 그는 아마 "당신이 직접 하시지요!"라고 대답할 것이다.

오늘밤 이 사람은 일자리를 찾아 거리를 헤매고 있다. 너덜너덜 해진 그의 코트 속으로 바람이 매섭게 파고들고 있다. 그를 아는 사람은 누구도 그를 고용하지 않으려 한다.

왜냐하면 그 사람은 불만투성이 말썽꾸러기이기 때문이다. 그에겐 이성도 통하지 않는다. 그에게 강한 인상을 남기는 유일한 것은 구둣발뿐이다.

물론 나는 이처럼 도덕적으로 심한 장애를 지닌 사람도 육체적 장애를 가진 사람 못지않게 동정을 받아야 한다는 점을 잘 알고 있다. 그러나 위대한 임무를 수행하려고 노력하는 사람들을 위해서도 눈물을 흘리도록 하자. 이런 사람들의 근무는 시간의 제약을 받지 않는다. 이들은 일에 정성을 쏟지 않고 나약하게 굴며 은혜를 곧잘 망각하는 직원들을 다독이며 끌고 가느라 머리카락이 나이보다 훨씬 빨리 세고 있다. 이들을 힘들게 만드는 직원들은 그 일이 없으면 노숙자가 되어 굶주리게 될 것이다.

이 문제를 내가 지나치게 과장하고 있을까? 아마 그럴 수도 있을 것이다. 그러나 세상 모두가 약자를 비호하는 때, 나는 성공하는 사람을 옹호하는 말을 하고 싶다. 온갖 역경에도 굴하지 않고 다른 사람들이 노력을 펴도록 길을 안내하고 있는 사람들을, 그런 식으로 성공한 다음에는 역경이 아무것도 아니라는 것을, 역경이란 것도 알고 보면 헛것에 지나지 않는다는 사실을 깨달은 사람들을 옹호하고 싶은 것이다. 나는 저녁 도시락을 싸와서 하루의 임금을 위해 일했다. 또한 노동자를 고용한 사람이기도 하다. 나는 고용주와 노동자 양쪽 모두에게 할 말이 있다는 것을 잘 알고 있다.

빈곤 자체엔 미덕의 요소가 하나도 없다. 누더기는 전혀 권할 만한 것이 못 된다. 그리고 고용주라고 해서 모두가 탐욕스럽고 고압적인 것은 아니다. 가난하다고 해서 모두가 고결하지 않은 것과 마찬가지이다. 나의 가슴은 "사장"이 없을 때에도 자기 집에서 일을 할 때처럼 맡은 일을 묵묵히 잘 처리하는 사람에게 끌린다. 그리고 가르시아 장군에게 보낼 편지가 주어질 때 어리석은 질문을 하거나 그 편지를 가까운 하수구에 버려버리겠다는 음흉한 생각을 품지 않고 말없이 편지를 받아드는 사람은 절대로 해고되지 않을 것이며 또 더 많은 임금을 노려 파업을 벌일 필요도 없다.

문명은 바로 그런 개인을 찾는 길고 험한 여정이다. 그런 사람이 요구하는 것이면 무엇이든 허락될 것이다. 그런 사람은 모든 도시와 마을이 필요로 하는 사람이다. 모든 사무실과 가게, 상점, 공장에서도 그런 사람을 간절히 원하고 있다. 전 세계가 그런 사람을 외쳐 부르고 있다. 그런 사람이 절실히 필요하다. "가르시아 장군에게 편지를 전달할" 사람이 절실히 필요한 것이다.

ㅁ